Deutsche Ausgabe
ISBN 3-8212-1131-8

Am Hehsel 40, 2000 Hamburg 63
Bearbeitung der Originalmärchen durch Anne McKie
Illustrationen von Ken McKie
Übersetzt aus dem Englischen von Ulrike Teiwes-Verstappen, Hamburg
Einbandgestaltung: Künne & Künne Werbeagentur, Hamburg
Satz: Atelier Schümann GmbH, Hamburg
Printed in CSFR

Die englische Originalausgabe erschien 1991 unter dem Titel
»My biggest Book of Favourite Tales«

Zauberwelt der Märchen

Dieses Buch gehört
. . . .
. . . .
. . . .
Alter . . . .

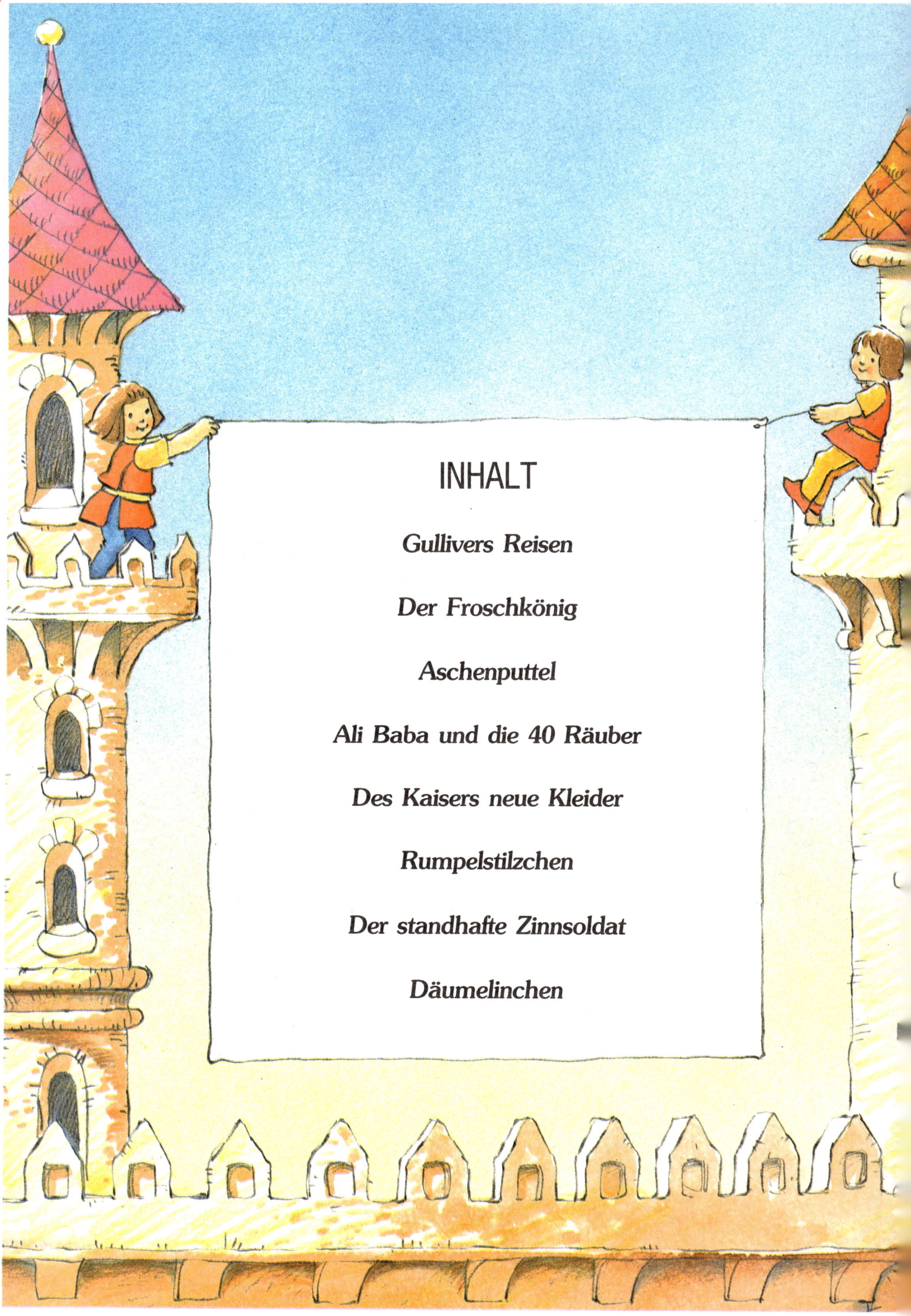

INHALT

Gullivers Reisen

Dies ist die Geschichte von Lemuel Gulliver, einem Mann, der vor etwa 250 Jahren lebte. Er lernte sehr fleißig und wurde nach vielen Jahren Studium Arzt. Gulliver sehnte sich danach zu reisen und liebte das Meer. Deshalb wurde er Arzt an Bord eines Segelschiffes.

Eines Tages ging er auf große Fahrt in die Südsee. Sein Schiff hieß „Antilope“ – und hier beginnt eine der seltsamsten Abenteuergeschichten, die ihr je gehört habt.

Während der ersten Wochen ging auf der „Antilope" alles gut. Dann kam ganz plötzlich eines Nachts ein starker Sturm auf, das Schiff lief auf ein Riff und versank.

Das Meer war rauh, und die Wellen sehr hoch, doch Gulliver konnte sehr gut schwimmen, so daß er unbeschadet die Küste erreichte. Er war völlig erschöpft und schleppte sich hoch auf den Strand, damit das Wasser ihn nicht mehr erreichen konnte. Dort fiel er auf dem ersten Grasstreifen nieder, den er fand und schlief sofort tief und fest ein.

Bei Tagesanbruch öffnete er seine Augen. Er versuchte, sich aufzurichten und umzuschauen – doch er war am Boden gefesselt! Er konnte weder seine Arme noch seine Beine, nicht einmal den Kopf bewegen.

Dann fühlte Gulliver etwas Lebendiges seine Beine hoch und über seine Brust krabbeln – ein paar Mäuse vielleicht oder Ameisen!

Plötzlich stieß Gulliver eine lauten Überraschungsschrei aus. Denn auf seiner Brust standen etwa 40 Männer, jeder ungefähr zehn Zentimeter groß. Gullivers Schrei hatte die Männer erschreckt. Schnell rutschten sie auf den Boden hinab, wo sich eine große Menge kleiner Leute versammelt hatte.

Als Gulliver versuchte, seinen Kopf zu drehen, um besser sehen zu können, rissen die Seile, die seine Arme fesselten. Das erschreckte die kleinen Menschen so sehr, daß sie Hunderte ihrer winzigen Pfeile in sein Gesicht schossen.

Das tat zwar nur ein bißchen weh, aber Gulliver beschloß, lieber still liegen zu bleiben und die kleinen Leute nicht wieder zu erschrecken. Nach einiger Zeit, als sie alle auf Gulliver herummarschierten, wurden sie sehr mutig und sprachen ihn an. Doch das winzige Volk redete in einer fremden Sprache. Gulliver konnte kein einziges Wort verstehen.

Gottlob kam der kleine Kaiser darauf, daß der riesige Mensch, den sie gefangen hatten, eigentlich sehr hungrig sein müßte. Deshalb gab er Anweisungen, daß ein großes Gerüst gebaut werden solle, um Gullivers Mund zu erreichen.

Nach einiger Zeit erschienen mehrere Wagenladungen voller Speisen und Getränke. Und Hunderte kleiner Menschen kletterten mit Körben voller Brot und Fleisch das Gerüst hoch. Der hungrige Gulliver trank ein ganzes Faß Wein mit einem Schluck aus und aß einen ganzen Korb Brot mit nur einem Bissen.

Die Lilliputaner (so wurden die winzigen Leute genannt) brachten immer mehr, bis Gulliver endlich so satt war, daß er auf der Stelle einschlief.

Die kleinen Leute schienen ihre Angst vor Gulliver verloren zu haben. Während er schlief, machten sich Tausende von ihnen an die Arbeit. 500 Tischler zimmerten eine Plattform auf Rädern, und 900 Mann hievten den schlafenden Gulliver darauf. 500 Wachen standen auf jeder Seite, 1500 Pferde zogen so fest sie konnten, und auf diese Weise bewegten sie ihn langsam auf die Hauptstadt zu.

Sie brauchten einen ganzen Tag und eine Nacht, um ihr Ziel zu erreichen. Schließlich hielt die Prozession vor einer großen Kirche an, die Gullivers Heim werden sollte – obwohl sie ihm so klein wie eine Hundehütte erschien.

Der kleine Kaiser von Lilliput war fest entschlossen, Gulliver nicht freizulassen. Er befahl all seinen Schmieden, eine dicke Kette zu schmieden und an Gullivers Bein zu befestigen, so daß er sich zwar bewegen, aber nicht weit weggehen konnte.

Die Neuigkeit über den Riesen, den der Kaiser gefangen hielt, verbreitete sich schnell. Menschen aus ganz Lilliput strömten herbei, bis die Stadt überquoll.

600 von ihnen wurden ausgewählt, um auf Gulliver aufzupassen. 400 Schneider waren damit beschäftigt, ihm neue Kleider zu nähen. Sechs von Lilliputs besten Lehrern sollten ihm die Sprache beibringen.

Schließlich konnte der Kaiser Gulliver verstehen, als dieser darum bat, freigelassen zu werden. Er stimmte unter einer Bedingung zu: Gulliver mußte seine Taschen vollständig leeren, so daß nichts den Lilliputanern gefährlich werden konnte.

Es kamen ein Messer, ein Kamm und ein Rasiermesser zum Vorschein. Dann kam sein Taschentuch – das für sie wie ein Teppich aussah. Seine Schnupftabaksdose wirkte wie eine riesige Kiste voller Schießpulver ; seine Uhr machte mehr Lärm als eine Wassermühle, und von seiner Börse dachten sie, es handelte sich um ein Fischernetz.

Schließlich zog Gulliver seine Pistole heraus und feuerte in die Luft. Der Krach war so groß, daß Tausende kleiner Leute vor Schreck auf den Rücken fielen. Nur der Kaiser blieb aufrecht stehen. Für einen zehn Zentimeter großen Mann war er wirklich sehr tapfer.

Doch selbst der tapfere Kaiser fürchtete sich vor etwas. Und eines Tages bat er Gulliver um Hilfe.

Auf der nahegelegenen Insel, die Blefusku hieß, lebte ein Volk, das sich die Großen Endianer nannte. Ihre Flotte von 50 Schiffen war gerade in See gestochen, um Lilliput zu erobern.

Was bekamen die armen Seeleute der Großen Endianer für einen Schrecken, als Gulliver ins Meer hinauswatete, alle Schiffe an den Ankerketten packte und sie nach Lilliput zog.

Es dauerte jedoch nicht lange, bis Gulliver herausfand, daß der Kaiser von Lilliput ihn nur benutzt hatte, um seine Schlacht zu schlagen, und daß die Großen Endianer überhaupt nicht schlecht waren. Da entschloß sich Gulliver, auf deren Insel überzusiedeln und bei ihnen zu leben.

Er nahm ein großes Kriegsschiff von Lilliput, belud es mit seinen Sachen (so daß sie nicht naß werden konnten) und zog es hinter sich her zur Insel Blefusku.

Er wurde von dem kleinen Volk sehr freundlich empfangen, doch Gulliver wollte nur eines : zurück nach England.

Nur durch Zufall, er ging gerade auf dem Riff spazieren, sah er etwas im Meer schwimmen. Er mochte kaum seinen Augen trauen – es war ein richtig großes Ruderboot, das mit dem Kiel nach oben auf dem Wasser trieb.

Sofort sandte der Kaiser der Großen Endianer jedes Schiff seiner Flotte aus, um es an die Küste zurückzubringen.

Man brauchte 2000 Männer, um das Boot herumzudrehen und anschließend zu reparieren. 500 Leute nähten Tag und Nacht, um die Segel fertigzustellen. Alle auf der Insel arbeiteten sehr hart, bis das Boot seetüchtig war.

Gulliver nahm einige lebendige kleine Schafe und Kühe mit an Bord, um sie zuhause zeigen zu können. Dann wurde es Zeit, sich zu verabschieden.

Nach nur zwei Tagen auf See wurde Gulliver von einem Segelschiff aufgegriffen, das auf dem Weg nach England war. Als er seine seltsame Geschichte erzählte, konnte der Kapitän sie kaum glauben – bis er die winzigen Kühe und Schafe sah, die Gulliver vor ihn auf den Tisch stellte.

Endlich kehrte Gulliver nach Hause zurück. Die Leute hießen ihn begeistert willkommen und wurden es nie müde, seiner merkwürdigen Geschichte zuzuhören.

Der Froschkönig

Es lebte einmal ein König, der viele schöne Töchter hatte, doch die jüngste war die schönste von allen.

In der Nähe des Königsschlosses lag ein großer, dunkler Wald. Wenn man ein kurzes Stück hineinging, fand man eine kleine Lichtung. An einem Ende stand eine alte Linde, und unter ihren Ästen sprudelte eine Fontäne inmitten eines dunklen, tiefen Teiches.

Immer, wenn es sehr heiß war, rannte die jüngste Tochter des Königs in diesen Wald und setzt sich an den Brunnen. Sie warf ihren goldenen Ball in die Luft und fing ihn wieder auf. Das war ihr liebster Zeitvertreib.

Eines Nachmittags, als die Prinzessin den Ball hoch in die Luft warf – fing sie ihn nicht wieder auf! Er schlüpfte durch ihre Finger ins Gras. Dann rollte er an ihr vorbei in den Brunnen und verschwand im tiefen Wasser.

Die Prinzessin starrte in den Brunnen, doch ihr schöner goldener Ball blieb verschwunden. Schnell steckte sie ihre Arme, so weit es ging, in das Wasser, doch sie konnte außer Algen und Wasserlilien nichts fühlen. Manche Leute behaupteten, der Brunnen sei so tief, daß er keinen Grund habe. Als die Prinzessin merkte, daß ihr Ball für immer verschwunden war, fing sie bitterlich an zu weinen. »Komm sofort zu mir zurück, goldener Ball!« schluchzte die Prinzessin und starrte ins Wasser.

Nun sind es Prinzessinnen ja gewohnt, immer ihren Willen zu bekommen. Als ihr goldener Ball nicht sofort wieder aus dem Wasser auftauchte, heulte sie deshalb noch lauter. Oh je! Zuerst stampfte sie mit den Füßen auf den Boden, und dann warf sie sich vor Wut ins Gras.

Die Prinzessin machte so viel Lärm dabei, daß sie nicht bemerkte, wie ein dicker grüner Frosch seinen Kopf aus dem Wasser steckte und neben sie ins Gras hüpfte. »Weine nicht, wunderschöne Prinzessin!« quakte der Frosch. »Ich habe gesehen, wie dein goldener Ball ins Wasser fiel, und es wird mir eine Freude sein, hinabzutauchen und ihn für dich zu holen – wenn du mir dafür etwas gibst.«

Bei diesen Worten strahlte die Prinzessin. »Ich werde dir alle meine Juwelen und Perlen geben, sogar meine goldene Krone, wenn du mir meinen goldenen Ball zurückbringst.« Es ist wahr, man sollte niemals Versprechungen in Eile machen, auch Prinzessinnen nicht. Denn ein Versprechen muß man einhalten – besonders bei Fröschen.

Der Frosch hüpfte näher zur Prinzessin. »Perlen, Juwelen und goldene Kronen haben keinen Nutzen für mich«, fuhr er fort, »doch wenn du mich lieb hast und meine Freundin wirst, wenn du mich von deinem goldenen Teller essen, aus deinem goldenen Becher trinken und in deinem goldenen Bett schlafen läßt, werde ich hinabtauchen und deinen Ball holen.«

Die Prinzessin war so begierig darauf, ihren goldenen Ball wiederzusehen, daß sie nicht richtig zuhörte, was der Frosch zu sagen hatte. »Ich verspreche dir alles, was du willst, wenn du mir nur meinen Ball zurückbringst.«

Schnell wie der Blitz sprang der Frosch in den Brunnen und tauchte mit dem Ball im Maul wieder auf. Die Tochter des Königs griff eifrig danach und rannte ins Schloß zurück.

»Nimm mich mit!« schrie der Frosch. »Ich kann nicht so schnell laufen wie du und muß sonst zurückbleiben.«

Doch die Prinzessin kümmerte sich nicht um ihr Versprechen und vergaß den Frosch bald. Später am Tag, als sie gerade zu Tisch saß, hörte man etwas die Mamorstufen hinaufkommen: Plitsch! Platsch! Das Geräusch kam näher und eine Stimme rief : »Laß mich herein, jüngste Tochter des Königs.«

Die Prinzessin sprang auf, um zu sehen, wer nach ihr rief. Als sie jedoch den Frosch erblickte, wurde sie ganz blaß.

»Was will der Frosch von dir ?« fragte der König und sah sehr erstaunt aus.

Die Prinzessin ließ den Kopf hängen. »Als ich am Brunnen saß und spielte, fiel mein goldener Ball ins Wasser. Dieser Frosch hat ihn für mich heraufgeholt – weil ich soviel weinte.« Die Prinzessin fing erneut an zu weinen. »Ich habe ihm versprochen, ihn zu lieben, ihn von meinem goldenen Teller essen, aus meinem goldenen Becher trinken und in meinem goldenen Bett schlafen zu lassen.«

Der König sah den Frosch an und dachte eine Weile nach, bevor er sprach: »Dann mußt du dein Versprechen halten, meine Tochter.«

Die Prinzessin wußte, daß sie gehorchen mußte, deshalb bat sie den Frosch herein. Der Frosch hüpfte ihr nach, sprang auf ihren Stuhl und von da aus direkt auf den Tisch. »Nun stell deinen goldenen Teller neben mich«, sagte der Frosch, »damit wir zusammen essen können.« Als sie das tat, langte der Frosch auf ihren Teller und schlabberte ihr ganzes Essen auf, denn sie hatte plötzlich gar keinen Appetit mehr.

Als nächstes trank der Frosch aus ihrer kleinen goldenen Tasse bis sie ganz leer war. Denn irgendwie verspürte die Prinzessin keinen Durst mehr. Nachdem der Frosch fertig war, tat er einen großen Hüpfer und landete auf dem Knie der Prinzessin. »Geh weg, du häßlicher, kalter Frosch!« schrie sie. »Ich werde dich niemals in meinem schönen, weichen Bett schlafen lassen.«

Diese Worte machten den König sehr böse. «Der Frosch hat dir geholfen, als du ihn gebraucht hast. Nun mußt du dein Versprechen ihm gegenüber auch einhalten.«

»Ich bin nach diesem wunderbaren Essen sehr müde geworden«, sagte der Frosch. »Und du hast versprochen, daß ich in deinem Bettchen schlafen darf.«

Die Prinzessin nahm ihn nur widerwillig hoch und trug ihn die Treppe hinauf in ihr Zimmer.

Als der Frosch mitten in ihr goldenes Bett hüpfte, war das wirklich zuviel für die Prinzessin. Sie zog ganz fest an der Bettdecke und kippte den armen Frosch auf den Fußboden.

Als er herunterfiel, verwandelte er sich plötzlich in einen schönen Prinzen. Eine böse Hexe hatte ihn mit einem Zauberspruch bedacht, und nur die Prinzessin war in der Lage, ihn davon zu befreien.

Die Prinzessin war sprachlos. Es tat ihr sehr leid, daß sie so unfreundlich zu dem Frosch gewesen war.

Nach einiger Zeit heirateten der schöne Prinz und die Prinzessin, und sie lebten glücklich zusammen bis an ihr Ende.

Aschenputtel

Vor langer Zeit lebte einmal ein Baron, dessen Frau starb. Sie hinterließ ihm eine kleine Tochter.

Ein paar Jahre später, als die Tochter zu einem wunderschönen Mädchen herangewachsen war, heiratete der Baron wieder. Doch leider wurde er kurz darauf sehr krank und starb auch.

Seine zweite Frau hatte einen hinterhältigen Charakter, sie war gemein und grausam. Zu all diesen Übeln hatte sie zwei eigene Töchter, die noch schlimmer waren als sie selbst. Eine war sehr dick, die andere sehr dünn, und beide sahen furchtbar häßlich aus. Deshalb nannten die Leute sie heimlich die »häßlichen Schwestern« – natürlich hinter ihrem Rücken.

Nach dem Tod des Barons wurde seine Tochter von der Stiefmutter und den beiden häßlichen Schwestern wie eine Dienerin behandelt. Sie zwangen sie, alle harte Arbeit im Hause zu machen. Das arme Mädchen rackerte von morgens bis abends.

Die schlimmste Arbeit war das Reinigen der vielen Feuerstellen im Schloß. Asche und Schutt verschmutzten die Kleidung des Mädchens, ihre Hände wurden schwarz und ständig rissig, und ständig hatte sie Dreckflecken auf der Nase. Deshalb nannten die häßlichen Schwestern sie immer nur Aschenputtel.

Nachts, wenn endlich alle Arbeit getan war, saß Aschenputtel am Küchenfeuer und wärmte ihre Zehen nahe der Glut, bevor sie in ihre kalte, zugige Dachkammer ging.

Eines Tage kündigte der Königssohn im Palast an, er wolle einen großen Ball geben. Zu ihrer Freude erhielten die zwei Stiefschwestern Aschenputtels eine Einladung.
»Du mußt uns beiden sofort neue Ballkleider nähen!« rief eine der Schwestern Aschenputtel zu.
»Und frisiere unser Haar so, daß wir noch schöner aussehen!« kreischte die andere.

Das bedeutete noch mehr Arbeit für Aschenputtel. Den ganzen Tag lang nähte und stickte sie. Jede Rüsche, jede Falte und jedes Stückchen Spitze mußte genau an der richtigen Stelle sitzen. Und dann all das Waschen, Stärken und Bügeln der vielen Unterröcke!

Trotz der schönen Kleider, die Aschenputtel den Schwestern genäht hatte, sahen diese immer noch sehr häßlich aus.

Schließlich fuhr die Kutsche vor, um die häßlichen Schwestern zum Ball zu bringen. Aschenputtel bekam nicht einmal ein Wort des Dankes. Die gemeinen Schwestern schubsten und drängelten sich auf ihre Sitze und fuhren mit hoch erhobenen Nasen davon.

Traurig ging Aschenputtel in die Küche zurück und setzte sich ans Feuer. Plötzlich glühte ein Holzscheit im Feuer auf und erfüllte die Küche mit Licht. In der Helligkeit bemerkte Aschenputtel zum ersten Mal eine kleine alte Frau in weitem Mantel und mit spitzem Hut – ganz in ihrer Nähe!

»Ich bin deine gute Fee«, sagte sie freundlich, »und du wirst auch auf den Ball gehen.«

Aschenputtel war viel zu erstaunt um zu sprechen. Sie hatte nichts von ihrer guten Fee gewußt.

»Nun geh schnell in den Garten und hole mir einen Kürbis«, sagte die Fee. Als nächstes sollte Aschenputtel ihr die sechs Mäuse und drei Ratten holen, die in einer Falle neben dem Küchenschrank gefangen saßen. Zum Schluß fragte sie nach sechs Kröten, die hinter dem Gartenschuppen saßen.

Mit einer Handbewegung war der Kürbis in eine glänzende goldene Kutsche verwandelt. Die sechs Mäuse verwandelten sich in sechs graue Pferde. Die drei Ratten wurden höfliche Kutscher, und zum Schluß verzauberte sie die sechs Kröten in fein uniformierte Diener.

»Nun bist du bereit, um auf den Ball zu gehen, Aschenputtel«, sagte die Fee. »Oh je, ich hätte ja fast dein Kleid vergessen.«

Noch einmal bewegte sie ihren Zauberstab, und Aschenputtels zerrissene Kleider wurden in ein zauberhaftes Silberkleid verwandelt, das von Juwelen glänzte. An ihren Füßen saßen schimmernde Glasschuhe, die ihr perfekt paßten.

Als sie gerade in der feinen goldenen Kutsche davonfahren wollte, rief die gute Fee ihr nach: »Du mußt den Ball verlassen, bevor die Uhr Mitternacht schlägt – denn mein Zauber wird nur so lange halten.« Und mit einem letzten Winken ihrer Hand verschwand sie.

Aschenputtels Kutsche kam als letzte beim königlichen Palast an. Alle Gäste des Festes wandten sich ihr zu, als der Prinz vortrat, um sie zu begrüßen.

Sie tanzte so gut und sah so wunderschön aus, daß der Prinz sich sofort in sie verliebte.

Jeder Festgast tuschelte in jener Nacht über die schöne Fremde, die das Herz des Prinzen erobert hatte. Und Aschenputtel war so glücklich, daß sie jegliches Zeitgefühl verlor.

Plötzlich schlug die Palastuhr Mitternacht. Aschenputtel eilte so schnell sie konnte aus dem Ballsaal. Auf halbem Weg die Treppe hinunter verlor sie einen gläsernen Schuh.

Als sie durch den Schloßgarten rannte, verwandelte sich ihr Ballkleid wieder in die zerrissenen Lumpen.

Keine goldene Kutsche wartete draußen auf sie, um sie heimzubringen. Stattdessen lag ein Kürbis am Boden. Die drei Ratten, sechs Mäuse und sechs Kröten rannten davon.

Aschenputtel eilte durch die Nacht nach Hause zurück, und sie versteckte sich in einer dunklen Ecke der Küche. Doch als sie in einer ihrer Schürzentaschen nachsah, fand sie den anderen schimmernden gläsernen Schuh darin.

In der Zwischenzeit war der Prinz auf der Suche nach ihr durch den ganzen Palast geeilt. Dabei fand er den anderen gläsernen Schuh auf der Treppe und hob ihn auf. Vergeblich befragte der Prinz die anderen Gäste auf dem Fest und auch alle Diener. Doch niemand wußte den Namen des lieblichen Mädchens.

Am nächsten Morgen wurde der gläserne Schuh auf ein Samtkissen gesetzt und auf den Marktplatz der Stadt gefahren. »Ich werde das Mädchen heiraten, dessen Fuß in diesen Glasschuh paßt«, ließ der Prinz verkünden.

Das rief eine große Aufregung hervor!
Jedes Mädchen im Königreich wollte den Schuh anprobieren. Prinzessinnen, Dienerinnen, reiche Mädchen, arme Mädchen, alle versuchten es – doch er war immer zu klein oder zu groß für sie.

Als die Reihe an die häßlichen Schwestern kam, streiteten sie sich, welche als erste drankäme. Sie versuchten alles, um ihre großen, plumpen Füße in den Glasschuh zu quetschen – doch es war vergebens.

Während der ganzen Zeit hatte Aschenputtel ruhig in einer Ecke gesessen. Glücklicherweise bemerkte sie der Diener des Prinzen. Er stellte den Glasschuh auf dem Samtkissen vor sie hin. Freundlich steckte sie ihren kleinen Fuß hinein – und er paßte genau. Dann nahm sie den anderen Schuh aus ihrer Schürzentasche, und natürlich paßten beide zusammen.

Der Prinz war überglücklich, seine verlorene Liebe wiedergefunden zu haben und bat Aschenputtel, seine Frau zu werden.

Die Hochzeit wurde groß gefeiert, mit der guten Fee als Ehrengast. Die häßlichen Schwestern versprachen, sich zu bessern, und alle lebten glücklich bis an ihr Ende.

Ali Baba und die 40 Räuber

Vor langer Zeit lebten weit im Osten zwei Brüder, Kassim und Ali Baba genannt. Der ältere Bruder Kassim heiratete eine sehr reiche Frau, so daß er nicht mehr zu arbeiten brauchte.

Ali Baba dagegen heiratete ein Mädchen, das so arm war wie er selbst, und er mußte sehr hart für seinen Lebensunterhalt arbeiten. Jeden Tag ging er in den Wald, um Feuerholz zu sammeln. Damit belud er dann seine Esel und versuchte, es auf dem Marktplatz zu verkaufen.

Eines Morgens, als er gerade zum Holzschlagen im Wald war, hörte er den Klang vieler Pferdehufe, die sich näherten. Nun wußte Ali Baba, daß grausame Räuber die Wälder unsicher machten – deshalb kletterte er so schnell es ging auf den nächsten Baum. Doch statt vorbeizureiten, wie Ali Baba es erwartet hatte, hielten die 40 Räuber plötzlich an. Schnell stiegen sie von den Pferden und banden diese nahe der Stelle an, wo Ali Baba saß.

Der Räuberhauptmann ging zu einem nahe gelegenen Felsen und rief mit lauter Stimme : »Sesam, öffne dich!« Bei diesen Worten öffnete sich eine Felstür, die zu einer Höhle dahinter führte. Einer nach dem anderen verschwanden die 40 Räuber darin. Sie trugen alle große Säcke voller Silber und Gold, die sie von den Pferden nahmen. Die Tür schloß sich wieder, nachdem der letzte Räuber eingetreten war. Der arme Ali Baba jedoch traute sich nicht, vom Baum herabzuklettern.
Er hatte Angst um sein Leben.

Nach einem für Ali Baba sehr langen, unbequemen Warten kamen die 40 Diebe mit leeren Händen wieder zurück. Der Räuberhauptmann erhob seine Arme und rief: »Sesam schließe dich!« und die Felstür fiel zu.
Die Räuber sprangen auf ihre Pferde und ritten davon.

Ali Baba nahm all seinen Mut zusammen, sprang vom Baum herunter und rannte zu dem Felsen. »Sesam öffne dich!« rief er mit zitternder Stimme.
Sofort öffnete sich die Felstür und Ali Baba fand sich in einer riesigen Höhle wieder.

Seine Augen wurden vor Verwunderung ganz groß. Säcke voller Gold und Silber, kostbare Teppiche, Elfenbeinschnitzereien und Jadearbeiten sowie Kisten voller Juwelen standen dort. Schnell griff sich Ali Baba ein paar Säcke voller Gold, rannte aus der Höhle und belud seine Esel damit.

Als Ali Babas Frau all das Gold sah, war sie überglücklich. »Es ist zu viel, um es zu zählen«, flüsterte sie atemlos. »Wir müssen es in kleinere Säcke abpacken und gut verstecken. Wenn wir es nach und nach ausgeben, wird niemand vermuten, daß wir das Geld der Räuber haben.«

Dann rannte sie zum Haus des älteren Bruders Kassim, um ein Maß auszuborgen. Das machte die Frau Kassims sehr neugierig. »Ali Babas Frau ist viel zu arm, um irgendetwas abzumessen«, dachte sie bei sich. Deshalb tat sie heimlich ein kleines Stück Wachs auf den Boden – so würde ein wenig von allem, was abgemessen wurde, kleben bleiben.

Als das Maß am nächsten Tag zurückgegeben wurde, klebte auf dem Boden ein einzelnes Goldstück fest. Das verwirrte Kassim und seine Frau völlig.

Am nächsten Morgen machte sich Ali Baba wie gewöhnlich auf in die Wälder. Doch dieses Mal folgte ihm sein Bruder Kassim heimlich. Sobald Ali Baba den Felsen erreichte, sprach er die magischen Worte »Sesam, öffne dich!«, die Tür ging auf und er betrat die Höhle. Bald erschien er wieder, beladen mit Gold und Juwelen.

Der gierige Kassim konnte nicht erwarten, es auch zu versuchen. Sobald Ali Baba außer Sicht war, stand Kassim vor dem Felsen, rief »Sesam, öffne dich!«, und die Tür ging erneut auf. Kassim verschwendete keine Zeit, er eilte in die Höhle und begann, selber Säcke mit Gold zu füllen. Doch verflixt, als die Zeit kam, die Tür wieder zu öffnen, hatte er die magischen Worte vergessen. Er versuchte alles – doch die Tür blieb fest verschlossen.

Später am Tag kamen die Räuber zurück. Sie waren solche schlechten und grausamen Männer, daß sie Kassim töteten und in vier Stücke teilten.

Spät in der Nacht, als Kassim nicht zurückkehrte, erzählte seine Frau Ali Baba, wie sein Bruder ihm in den Wald gefolgt war und ihn ausspioniert hatte. Ali Baba erriet, was dann passiert war. Mitten in der Nacht ging er in die Räuberhöhle zurück. Er fand seinen armen toten Bruder gleich hinter dem Eingang liegen.

Er lud die vier Stücke des Körpers auf seinen Esel und kehrte heim, um Kassims Frau die schreckliche Nachricht zu bringen. Nach vielem Weinen entschloß sich Kassims Familie, daß sein Körper wieder zusammengenäht werden müsste, bevor er beerdigt werden konnte (dann würde niemand erfahren, daß er von den Räubern in vier Stücke geteilt worden war).

Eine vertrauenswürdige Sklavin der Familie namens Morgiana kannte einen blinden Flickschuster, der diese Aufgabe übernehmen konnte. Mitten in der Nacht führte sie den alten Mann zu Kassims Haus. Sorgfältig nähte er die vier Teile wieder zusammen, so daß niemand merken konnte, daß Kassim nicht im Schlaf gestorben war. Sobald er fertig war, führte Morgiana ihn wieder zurück nach Hause durch die dunklen Straßen der Stadt.

In der Zwischenzeit waren die 40 Diebe zu ihrer Höhle zurückgekehrt. Als sie merkten, daß Kassims Körper verschwunden war, wußten sie, daß noch jemand anders von ihrem geheimen Versteck erfahren hatte. Sie ritten in die Stadt und befragten jeden. Es dauerte nicht lange, bis der blinde Flickschuster ihnen von seiner ungewöhnlichen Aufgabe der vorherigen Nacht erzählte.

Er konnte sich gut an den Weg zu Kassims Haus erinnern, obwohl er blind war. Der Räuberhauptmann markierte die Tür mit einem großen Kreuz – so daß die Männer später zurückkehren und alle Hausbewohner töten konnten. Doch die kluge Morgiana kam daher, markierte jedes Haus in der Straße auf die gleiche Weise, um die Räuber zu verwirren – und deren böser Plan schlug fehl.

Doch schon bald hörte der Anführer von Ali Baba, der einst ein armer Holzfäller gewesen und nun der reichste Mann der Stadt war. Und er brauchte nicht lange um zu erraten, daß es Ali Baba war, der das Geheimnis der Höhle kannte.

Deshalb verkleidete sich der Räuberhauptmann als Händler, der Öl verkaufte. Er ging zu Ali Babas Haus und bat um ein Nachtlager. Er hatte einige Esel bei sich, alle mit jeweils einem großen Krug beladen. In jedem Tonkrug versteckte sich einer seiner bösen Männer. Nur ein Tonkrug enthielt wirklich Öl. Die Bande plante, in der Nacht, wenn alle schliefen, herauszukommen und jeden im Haus zu töten.

Durch Zufall ging Morgiana das Öl zum Kochen aus. »Ich will ein wenig aus dem Krug des Händlers leihen«, dachte sie bei sich.

Dabei entdeckte sie den Trick der Diebe. Das schlaue Mädchen füllte eine große Pfanne mit Öl aus dem Krug und erhitzte es auf dem Ofen. Als es heiß war, goß sie etwas in jeden Tonkrug – und die 40 Räuber wurden zu Tode verbrüht.

Während all dies vor sich ging, unterhielt Ali Baba den Räuberhauptmann, den er nicht erkannt hatte.
Als Ali Baba Morgiana fragte, ob sie für seinen Gast tanzen würde, stimmte diese erfreut zu. Während sie tanzte, beugte sie sich plötzlich nach vorne und stieß einen Dolch in das Herz des Diebes. Erst da bemerkte Ali Baba, daß dieser ihn überlistet hatte, und wie treu Morgiana war.

Diese Geschichte hat ein glückliches Ende, denn Morgiana wurde die Freiheit wiedergegeben. Sie heiratete Ali Babas Sohn. Und alle lebten glücklich bis an das Ende ihrer Tage.

Des Kaisers neue Kleider

Vor langer, langer Zeit lebte einmal ein Kaiser, der neue Kleidung sehr mochte. Er war gar nicht wie andere Kaiser, die ihre Tage damit verbrachten, das Volk zu regieren. Dieser Kaiser war anders! Viele Tage wurden mit der Anprobe kostbarer Kleider verbracht, und er bewunderte sich selbst in hundert lebensgroßen Spiegeln!

In seinem riesigen Palast war jedes Schlafzimmer vom Boden bis zur Decke mit Kleiderschränken möbliert. Und jeder Kleiderschrank war voll – nicht einmal das kleinste Seidentaschentuch hätte mehr hineingepaßt. Oben im Palast war es schlimm genug, doch unten war es noch schlimmer.

Alle Zimmer und sogar die Flure waren voller Leute, die zum Kaiser wollten. Es waren Schneider, Weber, Schuhmacher, Näher, Kaufleute mit Samt und Seide, Geschäftsleute, die kostbare Hemden mit aufwendigen Kragen verkauften. Und die Juweliere gar nicht zu erwähnen. Aus ihren Kisten fielen Silberknöpfe, Juwelengürtel, schimmernde Ringe und goldene Ketten, alle fast unbezahlbar.

Der Kaiser konnte all dem nicht widerstehen. Er kaufte das meiste. Und, was alles noch schlimmer machte, er sagte den Leuten, sie sollten am nächsten Tag wiederkommen und ihm noch andere Sachen zeigen.

Eines Tages erschienen zwei Fremde im Palast des Kaisers, die vorgaben, Weber zu sein. »Wir müssen sofort den Kaiser sehen«, riefen die beiden Rauhbeine und versuchten, nicht zu lachen. Denn sie hatten sich einen klugen Plan ausgedacht, der sie sehr reich machen sollte. »Wir müssen den Kaiser ganz allein sprechen«, riefen die beiden, als sie zusammen durch den Palast eilten.

»Schickt die Leute weg und verschließt alle Türen,« befahl der Kaiser, als sich die beiden Weber tief vor ihm verbeugten. Aufgeregt erzählten sie dem Kaiser, daß sie das Geheimnis vom Weben magischer Stoffe entdeckt hätten.
Der Kaiser war fasziniert. Dann fuhren die Weber fort zu erklären: »Für einen weisen und klugen Mann wie Euch, Majestät, ist es der feinste Stoff, den Ihr je gesehen habt, doch für einen Dummkopf ist er vollkommen unsichtbar.«

Der Kaiser mochte seinen Ohren kaum trauen. Er bat die Weber, sofort mit der Arbeit anzufangen.
»Bringt heute noch euren Webstuhl in den Palast, und ich werde euch einen Sack voll Gold geben«, rief er. Ich muß einen Anzug aus diesem magischen Stoff haben, dann bin ich endlich in der Lage, diejenigen um mich herum zu entlarven, welche Dummköpfe sind.«

Später am Tag stellten die beiden Weber ihren Webstuhl in einem Raum des Palastes auf. Sie gaben vor, sehr hart zu arbeiten, doch natürlich war der Webstuhl leer. Tag für Tag verbrachten die beiden Betrüger Stunden vor ihrem Webstuhl – und taten gar nichts! Und jeden Tag baten sie den Kaiser um einen weiteren Sack voll Gold als Bezahlung. Wochen vergingen, bis der Kaiser nicht länger warten konnte.

»Wenn ich selbst hingehe und den Stoff nicht sehe, wissen die Weber, daß ich ein Dummkopf bin«, dachte der Kaiser. »Doch wenn ich meinen Ersten Minister schicke, werde ich auf alle Fälle herausfinden, ob er ein Dummkopf ist.«

Nun war der Erste Minister schon sehr alt und kurzsichtig. So sehr er es auch versuchte, er konnte nicht ein Fetzchen Stoff auf dem Webstuhl erblicken. »Ich muß ein vollkommener Trottel sein«, murmelte er zu sich selbst. Er wollte jedoch nicht seine Stelle verlieren und eilte fort, um dem Kaiser zu berichten, was er gefunden hatte. »Wunderbar, exquisit, das schönste Stück Stoff, das je gewebt wurde«, stieß er ganz außer Atem hervor.

Der Kaiser stieß ihn beiseite. »Ich muß es einfach selbst sehen.« Er rannte durch den Palast und stürzte in das Zimmer der Weber, und alle Leute seines Hofstaates folgten ihm.

Als der Kaiser den leeren Webstuhl sah, seufzte er, und das taten auch alle anderen. Nicht einer von ihnen konnte irgendetwas sehen. Da aber niemand wie ein Dummkopf dastehen wollte, warteten sie alle auf den Kaiser, damit er zuerst etwas sagte.

Er ging langsam immer wieder um den Webstuhl herum und dachte bei sich: »Ich kann nichts sehen. Ich muß ein Dummkopf sein und eigne mich nicht zu einem Kaiser.«

Er holte einmal tief Luft und sah seinen Hofstaat an. »Er ist exquisit, traumhaft, einfach wunderbar!« rief er aus. Und jeder Anwesende, der nicht als dumm erscheinen wollte, gratulierte den beiden Webern.

»Ich muß morgen für die Parade den schönsten Anzug haben, den es je gab«, kündigte der Kaiser an. Dann gab er den beiden Webern noch mehr Säcke Gold, damit sie die Nacht durcharbeiteten, um den unsichtbaren Anzug fertigzustellen.

Die Weber konnten ihrem Glück kaum trauen. Daß der Kaiser ein solcher Dummkopf war! Die klugen Betrüger nahmen bei dem Kaiser Maß und gaben dann vor, den Anzug zuzuschneiden und zu nähen. Beim ersten Tageslicht am nächsten Morgen eilten sie in das Zimmer des Kaisers und riefen: »Der wunderbare magische Anzug ist fertig!«

Der Kaiser sprang aus dem Bett, und die beiden Handwerker gaben vor, ihm beim Anziehen der unsichtbaren Kleidung zu helfen.

»Ausgezeichnet! Absolut perfekt!« riefen die Weber aus, als sie zurücktraten, um den Kaiser zu bewundern.

Bald versammelte sich der ganze Hof um zuzuschauen. Da jedoch keiner als Trottel dastehen wollte, stimmten alle überein, daß der Anzug einfach wunderbar sei. Seit dem frühen Morgen hatten sich die Leute auf der Straße versammelt, um des Kaisers neue Kleider zu sehen.

Es hatte sich schnell herumgesprochen, daß nur die klügsten unter ihnen den Anzug sehen könnten. Als nun der Kaiser vorbeikam und gar keine Kleider anhatte – schien es niemand zu bemerken.
Und weil niemand als Dummkopf auftreten wollte, klatschten und riefen alle 'Hurra' zum Kaiser – durch die ganze Stadt hindurch.

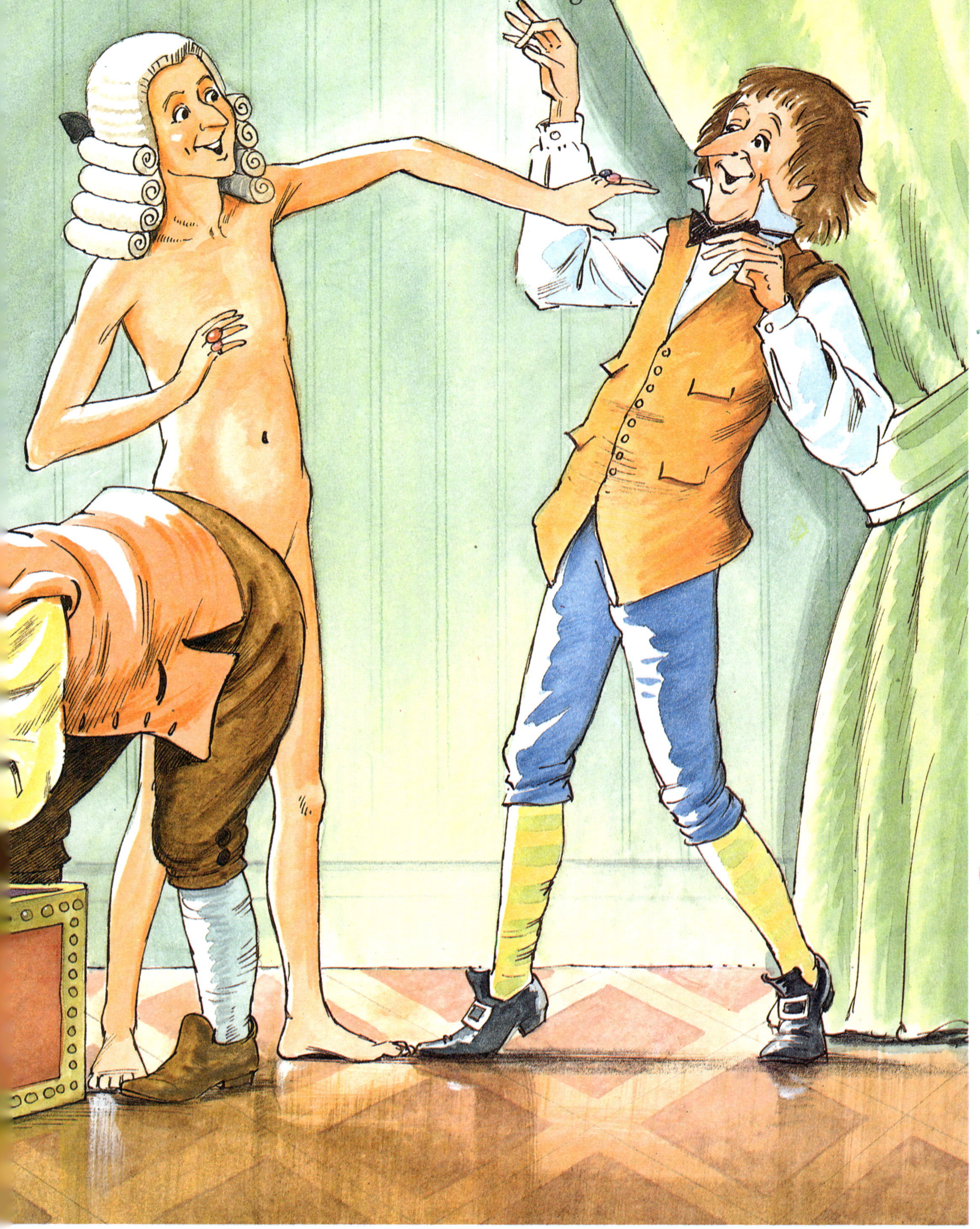

Plötzlich zeigte ein kleiner Junge, der in der ersten Reihe der Menge stand, mit seinem Finger auf den Kaiser und rief: »Er hat ja gar keine Kleider an!«

Ein Kichern ging durch die Menge, als sie bemerkten, wie dumm sie alle gewesen waren. Der arme Kaiser! Sein Gesicht lief ganz rot an, doch er hielt seinen Kopf hoch und paradierte langsam zurück in seinen Palast. Er fühlte sich so furchtbar dumm.

Und die beiden Weber? Sie verließen den Palast ganz schnell, noch bevor die Parade begann – vielleicht konnten sie es nicht erwarten, das ganze Geld auszugeben.

Rumpelstilzchen

Es war einmal ein armer Müller, der eine wunderschöne Tochter hatte. Er war so stolz auf sie, daß er den ganzen Tag lang von ihr sprach – zu jedermann, der zuhörte. »Sie wäre die rechte Braut für einen König«, brüstete sich der Müller vor seinen Nachbarn.

Wie sie alle lachten, was den Müller jedoch nur noch mehr anspornte. »Sie kann sogar Stroh zu Gold verspinnen!« rief der Müller mit sehr lauter Stimme.

Natürlich glaubte ihm niemand – außer einem einzigen Mann. Er war Jäger des Königs und ritt oft an der Mühle vorbei.

Bei seiner Rückkehr in den Palast erzählte der Jäger dem König von dem Mädchen, das Stroh zu Gold verspinnen konnte. Da der König Gold sehr liebte, befahl er – als er die Geschichte des Jägers gehört hatte – die Tochter des Müllers sofort zu ihm zu bringen.

Das arme Mädchen war völlig verschreckt, als sie hörte, was ihr Vater herumerzählt hatte. Doch sie hatte zuviel Angst, dem König zu erzählen, daß ihr Vater gelogen hatte.

Der König führte das zitternde Mädchen in einen Raum voller Stroh. »Spinn das zu Gold bevor die Sonne aufgeht, oder du wirst sterben«, befahl der König. Und er schloß die Tür hinter sich ab.

In der Ecke des Zimmers stand ein Spinnrad. Die Tochter des Müllers warf nur einen Blick darauf und fing an zu weinen.

Ganz plötzlich sprang ein merkwürdiger kleiner Mann von einem winzigen Fenster oben im Raum herunter. Er zog seine Mütze und verbeugte sich tief. »Ich werde dir nicht meinen Namen sagen«, grinste er. »Gib mir dein Halsband, und ich werde mich glücklich schätzen, all das Stroh für dich zu Gold zu verspinnen.« Er setzte sich geradewegs an das Spinnrad und hörte nicht eher auf, bis auch der letzte Strohhalm in Gold verwandelt war.

Als der König am nächsten Morgen die Tür aufschloß, war das ganze Zimmer mit Gold angefüllt. Der Zwerg war natürlich nirgendwo mehr zu sehen.

Der König war sehr angetan und erfreut von der Tochter des Müllers. »Darf ich jetzt bitte zu meinem Vater zurückgehen?« bat das arme Mädchen.

Der König schüttelte seinen Kopf und sagte: »Ruhe dich hier aus und iß etwas. Du hast die ganze Nacht gearbeitet und mußt müde sein.« Die Müllerstochter traute sich nicht, dem König zu widersprechen, deshalb mußte sie dableiben.

Der König war sehr gierig, und als er den Goldhaufen sah, wollte er mehr. Als die Tochter des Müllers abends aufwachte, führte er sie zu einem noch größeren mit Stroh gefüllten Raum und schloß sie dort ein.

Erneut fing das Mädchen an zu weinen, und wieder tauchte der kleine Mann auf – begierig darauf, mit der Arbeit anzufangen. Und das Mädchen übergab sie ihm glücklich.

Als der König das Zimmer am Morgen aufschloß, war es wieder voller Gold. »Spinne heute nacht noch ein Zimmer voll Gold«, lächelte der König, »und ich werde dich zu meiner Königin machen.«

In der darauffolgenden Nacht wurde das Mädchen in das größte Zimmer des Palastes eingeschlossen. Es war vom Boden bis zur Decke mit Stroh angefüllt.

Und wieder erschien der Zwerg. »Ich habe nichts mehr, was ich dir für deine Arbeit geben könnte«, schluchzte die Müllerstochter. Der Zwerg lächelte verschlagen. »Gib mir dein erstes Kind, wenn du Königin bist«, lachte er. Dem Mädchen blieb nichts anderes übrig als zuzustimmen.

Der Zwerg arbeitete die ganze Nacht hart. Am Morgen hatte er seine Aufgabe erfüllt, und das Zimmer war voller Gold.

Der König hielt sein Versprechen und heiratete die Tochter des Müllers. Sie wurde Königin. Sie lebten glücklich zusammen, besonders, als ihnen eine kleine Tochter geboren wurde.

Eines Tages wachte die Königin gerade über ihr Kind, als plötzlich der Zwerg vor ihr erschien. »Ich komme wegen deines ersten Kindes«, gackerte er und sprang vor ihr auf und nieder.

Die Königin wurde bleich und preßte das Kind fest an sich. Sie hatte ihr Versprechen gegenüber dem Zwerg ganz vergessen. Die Königin bot dem Zwerg Juwelen, Geld, selbst das ganze Königreich an, doch er lehnte alles ab. Als er sie jedoch so bitterlich weinen sah, machte er einen Handel mit ihr. »Wenn du innerhalb von drei Tagen meinen Namen erraten kannst, darfst du dein Kind behalten«.

Die Königin blieb die ganze Nacht wach und versuchte, sich an alle Namen zu erinnern, die sie jemals gehört hatte. Jedermann im Palast machte lange Listen mit Namen, an die er nur denken konnte.

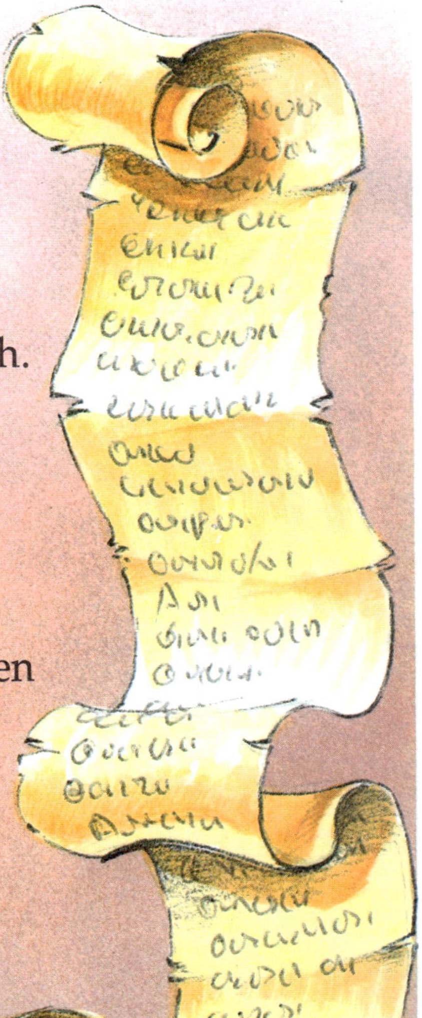

Am ersten Tag kam der Zwerg zurück. Die Königin sagte ihm jeden Namen, den sie wußte, doch nach jedem rief er: »Das ist nicht mein Name!«

In der Nacht sandte die Königin heimlich ihre Boten im ganzen Land aus, um neue Namen zu sammeln. Als diese am nächsten Morgen mit dem ersten Tageslicht zurückkehrten, hatten sie Hunderte bei sich.

Als der Zwerg zum zweiten Mal zurückkehrte, las die Königin jeden Namen vor, den ihre Boten gefunden hatten. Keiner von ihnen war richtig.

Nun war die Königin ganz verzweifelt. Es blieb nur noch ein Tag, und niemandem fiel mehr etwas ein. Bald würde der Zwerg ihre liebliche kleine Tochter mitnehmen.

Lange vor Anbruch des dritten Tages ritt ein Bote in den Hof des königlichen Palastes und verlangte, die Königin zu sprechen.

»Ich konnte zwar keine neuen Namen finden, aber ich habe etwas sehr Merkwürdiges zu erzählen.« Er berichtete der Königin von einer kleinen Hütte, die tief im Wald versteckt lag. Vor der Hütte brannte ein Feuer, um das ein kleiner Mann herumsprang und sang: »Heute back ich, morgen brau ich, übermorgen hole ich der Königin ihr Kind. Ach wie gut, daß niemand weiß, daß ich Rumpelstilzchen heiß.«

Könnt ihr euch vorstellen wie glücklich die Königin war, als sie das hörte?

Als der Zwerg am dritten Tag zurückkam, gab die Königin vor, nichts zu wissen, und sie riet viele falsche Namen. Und dann sagte sie mit einem Lächeln: »Könnte er vielleicht Rumpelstilzchen lauten?«

Der Zwerg war wütend, er schrie und stampfte mit den Füßen vor Wut. Er war so wild, daß er sich selbst in zwei Stücke riß und spurlos verschwand.

Der König und die Tochter des Müllers lebten viele Jahre lang glücklich. Vielleicht wird man der Prinzessin die Geschichte vom Zwerg, der Gold verspinnen konnte, erzählen, wenn sie älter geworden ist.

Der standhafte Zinnsoldat

Vor langer Zeit lebte einmal ein alter Spielzeugmacher. Die Leute kamen von überall her, um in sein Schaufenster voller Spielzeug zu sehen. Manchmal gingen sie auch in den Laden, um Geschenke für ihre Kinder zu kaufen.

Eines Tages schmolz der Spielzeugmacher einen großen Zinnlöffel ein. Sorgsam goß er das flüssige Metall in ein paar spezielle Formen, um einen Satz Zinnsoldaten herzustellen. Er füllte zwanzig Formen, doch bei der einundzwanzigsten Form ging ihm das Zinn aus.

Als die Figuren fest waren, kamen dabei zwanzig ganz gleiche heraus, doch dem letzten Zinnsoldaten fehlte ein Bein.

Der alte Spielzeugmacher malte die Figuren mit großer Sorgfalt an. Er verpaßte ihnen rote Jacken und blaue Hosen und vervollständigte ihre Hüte mit Goldlitze. Sie sahen prachtvoll aus, wie sie so steif Parade standen und salutierten. Sogar der Zinnsoldat mit nur einem Bein stand genauso gerade da wie die anderen, jeder Zoll tapfer und mutig. Der alte Mann war zufrieden mit seiner Arbeit. Und es dauerte nicht lange bis jemand die Zinnsoldaten in seinem Schaufenster sah und kaufte.

Die kleine Schachtel mit den Soldaten bekam ein kleiner Junge zum Geburtstag. Als er den Deckel hob, war er völlig begeistert. »Zinnsoldaten«, seufzte er, »genau das, was ich mir immer gewünscht habe.«

Der Junge stellte alle Soldaten in einer Reihe in seinem Kinderzimmer auf. Er merkte nicht einmal, daß ein Soldat nur ein Bein hatte.

Der kleine Zinnsoldat sah sich nach den anderen Spielsachen um. Der Fußboden unter ihm war mit Teddybären, Spieluhren, Bausteinen, Puppen und einer Spielzeugburg für Zinnsoldaten bedeckt.

Doch das beste von allem war ein prachtvolles Pappschloß. Es hatte große Säulen zu beiden Seiten der Tür und mehr Fenster, als der Zinnsoldat zählen konnte. Auf den Stufen dieses Schlosses stand eine zierliche Puppe, die eine wunderschöne Tänzerin darstellte. Sie balancierte perfekt auf einem Bein, das andere hatte sie nach hinten ausgestreckt – es sah aus, als hätte sie nur ein Bein.

»Was für eine perfekte Frau sie für mich abgeben würde«, seufzte der Zinnsoldat, als er in ihre Augen sah. Doch die Tänzerin blinzelte nicht einmal – sie stand nur einfach da auf einem Bein und starrte zurück auf den Zinnsoldaten. »Ich weiß, daß sie viel zu gut für mich ist«, dachte der Zinnsoldat bei sich. »Doch ich muß sehr tapfer sein und ihr in die Augen sehen, bis sie zu mir spricht.«

Des Nachts, wenn alle Menschen im Hause schliefen, erwachten die Spielzeuge zum Leben. Die Puppen und Teddys tanzten und machten Spiele. Die Mäuse mit Uhrwerk veranstalteten Wettrennen gegen die Autos. Sogar die Zinnsoldaten (die ja eigenlich Wache stehen sollten) schlossen sich dem Spaß an. Nur der kleine Zinnsoldat und die Tänzerin blieben bewegungslos stehen und starrten sich an.

Eines Nachts schlug die Uhr im Kinderzimmer Mitternacht. Eine Spielzeugkiste flog auf, und ein sehr schlecht gelaunter Kobold kam heraus. Er zeigte mit einem knochigen Finger auf den Zinnsoldaten. »Hör auf, die Tänzerin anzustarren, oder es wird dir schlecht ergehen«, schnarrte er.

Obwohl der Kobold den Soldaten in schreckliche Angst versetzte, stand dieser weiter tapfer auf Wache und starrte die Ballerina an.

Am nächsten Morgen kam der kleine Junge sehr früh ins Kinderzimmer, um mit seinen Soldaten zu spielen. Er reihte sie auf der Fensterbank auf – und rannte dann fort um zu frühstücken.

Ohne jede Vorwarnung wurde der kleine Zinnsoldat durch die Luft gewirbelt. Er fiel aus dem offenen Fenster und hinunter auf die Straße. Niemand weiß, wie das geschah. Es kann nur ein Windstoß gewesen sein oder aber auch der häßliche Kobold. Niemand wird es je erfahren!

Als der arme Zinnsoldat kopfüber in der Gosse lag, fing es an zu regnen. Zwei kleine Jungen kamen dahergelaufen, und einer von ihnen erblickte den Zinnsoldaten. Der andere hatte ein Papierboot gefaltet. Sie setzten den Zinnsoldaten vorsichtig hinein und ließen ihn damit den Rinnstein entlangfahren

Das Boot glitt langsam auf dem Wasser, bis es in einen Gulli und dann in ein Wasserrohr unterhalb der Straße gelangte. Der tapfere Zinnsoldat zeigte keine Furcht, sogar dann nicht, als das Boot aus der Wasserleitung in einen See segelte. Dort kenterte es.

Schon bald stand dem Soldaten das Wasser bis zur Brust. Das Papierboot saugte sich mit Wasser voll, so daß es auseinanderfiel, und der Zinnsoldat sank unter die Wasseroberfläche.

Wie war er doch tapfer! Er zeigte überhaupt keine Furcht, auch nicht, als ihn ein großer Fisch verschluckte. In dem Fischbauch war es schrecklich dunkel und glitschig. Der tapfere Zinnsoldat bewahrte Fassung, indem er an die Tänzerin dachte – und daß er sie unbedingt noch einmal sehen müsste.

Eines Tages wurde der große Fisch von Angel und Netz gefangen und endete auf einem Küchentisch. Als die Köchin den Fisch mit ihrem scharfen Messer öffnete, fiel der tapfere Zinnsoldat auf den Tisch. Die verblüffte Köchin hob ihn auf und brachte ihn ins Kinderzimmer.

Nun war es an dem Zinnsoldaten, überrascht zu sein. Er fand sich im selben Kinderzimmer wieder mit denselben Spielsachen: den Puppen, den Teddys, all seinen besten Soldatenfreunden – und der besten von allen, seiner lieblichen Tänzerin. Sie sahen sich an, doch keiner von ihnen sprach ein Wort.

In jener Nacht, als alles ruhig war, machte sich der kleine Soldat auf den Weg zum Pappschloß. Er wollte die Ballerina bitten, mit ihm fortzugehen.

Als er bei ihr ankam, öffnete sich der Deckel der Spielzeugkiste, und der Kobold stieß den Soldaten zurück. Wie gemein! Der kleine Zinnsoldat fiel direkt ins Feuer.

Dann passierte etwas Merkwürdiges. Die Kinderzimmertür öffnete sich, und der plötzliche Zug blies die kleine Tänzerin direkt in die Arme des Zinnsoldaten. Das Feuer brannte lichterloh, und beide schmolzen zusammen in den Flammen dahin.

Als das Feuer am nächsten Morgen abgeklungen war, kam das Dienstmädchen, um die Asche fortzuräumen. Sie fand darin ein kleines Zinnstück – es hatte die Form eines Herzens.

Däumelinchen

Einst lebte eine Frau, die war ganz allein. Ihr Häuschen stand für sich mitten auf dem Land, weit von Nachbarn und Freunden entfernt.

Sie fühlte sich sehr einsam und sehnte sich nach jemandem, der ihr Gesellschaft leisten könnte.

»Ich wünschte, ich hätte ein kleines Kind«, sagte die Frau laut vor sich hin, als sie im Garten arbeitete.

Zufällig flog gerade eine alte Hexe vorbei und hörte ihre Worte. Sie wühlte in den Falten ihres Gewandes und holte einen kleinen Samen heraus. »Dies ist ein Zaubersamen. Pflanze ihn ein und sieh, was daraus wächst.« Mit diesen Worten verschwand die Hexe.

Da die Frau Blumen sehr liebte, pflanzte sie den Samen sorgfältig in einen Topf und stellte diesen auf ihrer Fensterbank in die Sonne.

Innerhalb kurzer Zeit erschien ein grünes Blatt. Am nächsten Tag war ein grüner Stengel, auf dem oben eine Blütenknospe saß, gewachsen.

Als die Frau sich hinabbeugte, um die Blüte zu bewundern, öffnete sich diese. Mitten in den Blütenblättern saß ein kleines Mädchen – nicht größer als ein Daumen.

Die Frau lächelte: »Ich glaube, ich werde dich Däumelinchen taufen.«

Das kleine Mädchen war so winzig, daß eine halbe Walnußschale für ihr Bettchen ausreichte. Ihre Bettdecke bestand aus Rosenblättern, eine weiche Rosenknospe war das Kissen. Ein Gänseblümchen gab einen perfekten Hut ab, und ein Veilchenblatt wurde zum passenden Regenschirm.

Die Frau achtete immer sorgfältig darauf, daß ihr geliebtes Däumelinchen nicht zu Schaden kam.

In einer warmen Nacht, als sie in ihrem Walnußbettchen lag und schlief, lugte eine häßliche Kröte durch das Fenster. »Sie würde eine perfekte Frau für meinen Sohn abgeben«, quakte sie. Und sie ergriff Däumelinchen samt ihrem Walnußbett und sprang aus dem Fenster.

Die alte Kröte hüpfte immer weiter durch die Dunkelheit und paßte gut darauf auf, daß Däumelinchen nicht erwachte.

Als die Kröte ihr Heim im Morast des Flußufers erreichte, zeigte sie Däumelinchen ihrem Sohn – der noch zweimal so häßlich war wie seine Mutter.

Die beiden Kröten schwammen mit der Walnußschale in die Mitte des Flusses. Sie stellten die Schale auf ein kleines Blatt. »Morgen könnt ihr Hochzeit halten«, quakte die alte Kröte.

Die Kröten kamen sofort am nächsten Morgen zurück. Als Däumelinchen aus ihrem Bett lugte und die beiden häßlichen Kröten auf sich zuschwimmen sah, schrie sie vor Furcht auf.

Plötzlich begann sich das Blatt der Wasserrose zu bewegen. Es floß langsam stromabwärts, weit weg von den verärgerten Kröten.

Däumelinchen hatte den Fischen im Fluß ihre glückliche Flucht zu verdanken. Sie hatten den häßlichen Plan der Kröten belauscht und das große Blatt losgebissen, um das Mädchen zu retten. Däumelinchen floß auf ihrem Blatt langsam stromabwärts. Schließlich kam sie am Flußufer im hohen Gras zum Halten.

Genau in dem Moment flog ein dicker schwarzer Käfer über sie hinweg. Er stieß hinab und nahm das winzige Mädchen als seine Braut mit in die Wälder.

Wie lachten die anderen Käfer, als sie Däumelinchen erblickten. »Wo sind ihre Flügel?« riefen die Käferfrauen. »Und warum hat sie statt sechs nur zwei Beine?« ulkten sie.

Weil sie alle scherzten, schämte sich der schwarze Käfer plötzlich wegen Däumelinchen. Deshalb flog er davon und ließ Däumelinchen im Wald allein zurück.

Doch glücklicherweise fand das kleine Mädchen bald neue Freunde. Eichhörnchen und Kaninchen brachten ihre zerrissenen Jacken und löcherigen Socken zu ihr zum Stopfen. Die Vögel und Mäuse baten sie oft, auf ihre Jungen aufzupassen. Dafür bekam sie ihr Essen. Die Bienen kamen mit Honig vorbei, und sie fand überall saftige Beeren und Nüsse.

Doch schon bald kam der Herbst. Die Tage wurden kürzer, und die Nächte dunkler. Kalter Wind blies die Blätter von den Bäumen. Däumelinchen zitterte vor Kälte in ihrem dünnen Kleid.

Die meisten ihrer Waldfreunde waren in ihre warmen Löcher gekrochen, um Winterschlaf zu halten. Das arme Däumelinchen war ganz allein.

Ein paar Schneeflocken fielen, gerade genug, um den Boden zu bedecken. Aber für Däumelinchen war es wie Tiefschnee. Bald schon verlor sie das Gleichgewicht und fiel gegen ein Grasbüschel.

»Wer klopft da an meine Tür?« rief eine freundliche Feldmaus, die ihre Laterne hochhielt. Im hellen Licht erblickte sie Däumelinchen, die vor Hunger und Kälte zitterte. »Komm herein in meine Hütte und iß etwas, du armes Mädchen«, sagte die nette Feldmaus.

Däumelinchen mochte die Feldmaus und ihr Heim so sehr, daß sie zustimmte, den ganzen Winter über zu bleiben.

Wie schnell die Wintermonate vergingen. Däumelinchen kochte und putzte für die Maus und erzählte ihr an langen Winterabenden schöne Geschichten.

Eines Nachmittags lud die Feldmaus ihren Nachbarn, den Maulwurf zum Tee ein. Das kleine Mädchen backte einen Schokoladenkuchen. Sie achtete gut darauf, den Besucher freundlich zu bedienen.

Der Maulwurf war ein netter Kerl mit einem Samtpelz und guten Manieren. Zu ihrer großen Überraschung bat der Maulwurf sie, nachdem sie gegessen hatten, um ihre Hand.

»Ich will überhaupt niemanden heiraten«, rief Däumelinchen verzweifelt.

Dennoch lud der Maulwurf sie ein, sein Heim unter der Erde zu besichtigen. Sie folgten dem Maulwurf durch viele dunkle Tunnel und Höhlen. Der Maulwurf lebte gerne unter der Erde und ging nie in den Sonnenschein. Däumelinchen zitterte. Sie würde es hassen, im Dunkeln zu leben und niemals die Sonne wiederzusehen.

Plötzlich stolperte sie über etwas Weiches, das auf dem Tunnelboden lag. »Das ist nur eine Schwalbe, die vor Kälte gestorben ist«, rief der Maulwurf über seine Schulter zurück. Doch Däumelinchen war sich sicher, daß sie den Herzschlag des Vogels noch hören konnte.

Spät in der Nacht, als die Feldmaus schon schlief, nahm sie eine Decke und etwas warme Milch mit. Damit ging es der Schwalbe schon bald besser.

Das Mädchen sorgte den ganzen Winter gut für sie. Als der Frühling kam, war sie in der Lage, wieder zu fliegen.

Die Schwalbe bat Däumelinchen, mit ihr fortzufliegen. »Wenn ich doch nur könnte«, seufzte diese. »Doch die Feldmaus hat mich gebeten, den Maulwurf morgen zu heiraten. Sie war so gut und freundlich zu mir, daß ich zustimmen mußte.« Da trennten sich die beiden Freunde traurig.

Sehr traurig bat Däumelinchen die Feldmaus, noch ein letztes Mal hinaus in den Sonnenschein gehen zu dürfen, bevor sie den Maulwurf heiratete.

Als sie hinaustrat, schwebte die Schwalbe vom Himmel herab. Das war ihre letzte Chance auf Freiheit. Däumelinchen sprang auf den Rücken des Vogels. Dieser brachte sie nach Hause zurück in die kleine Hütte.

Endlich waren alle wieder zusammen und lebten glücklich vereint.

Sindbad

Vor langer Zeit lebte einmal in der fernen Stadt Bagdad ein junger Mann namens Sindbad. Er sehnte sich nach Abenteuern. Deshalb wurde er Seemann und segelte über alle sieben Meere.

Eines Tages machte Sindbad sich wieder auf eine lange Reise. Nach vielen Wochen auf See ging sein Schiff bei einer kleinen Insel vor Anker. Sindbad und die anderen Seeleute gingen an Land, um sich umzusehen.

Plötzlich schien die Insel zu wachsen und aus dem Wasser zu steigen. Es war nämlich keine Insel, sondern ein riesiger Wal. Auf einmal tauchte der Wal tief in die Wellen ein, und alle fielen ins Wasser.

Die anderen Seeleute konnten zum Schiff zurückschwimmen, doch der arme Sindbad wurde zurückgelassen, trieb im Wasser und klammerte sich an ein Stück Holz.

Nach einer Weile wurde er an die Küste einer anderen Insel gespült. Er rannte den Sandstrand entlang und kletterte auf die höchste Palme, um vielleicht sein Schiff zu erblicken. Doch leider war Sindbad ganz allein, und sein Schiff nirgendwo mehr zu sehen.

Als er vom Baum hinunterschaute, bemerkte er ein riesiges weißes Ei auf dem Sandstrand. Er glitt den Stamm hinunter, um es besser betrachten zu können. Plötzlich war ein riesiger schwarzer Schatten über ihm. Am Himmel kreiste ein großer weißer Vogel – fast so groß wie die Insel.

»Nun habe ich die Möglichkeit zu entkommen«, dachte Sindbad. Als der große weiße Vogel hinunter auf sein Ei flog, wickelte Sindbad seinen Turban ab und band sich damit selbst an das Bein des Riesenvogels.

Bald darauf flog der Vogel davon und nahm Sindbad mit sich. Sein Plan hatte geklappt.

Der große Vogel flog hoch in die Luft, durch tiefe Täler und über Berge bis er schließlich landete, und Sindbad seinen Turban abbinden und fliehen konnte.

Der Junge fand sich in einem trockenen Flußbett wieder, umgeben von steilen Felsen, die er nicht erklettern konnte. Er war erneut gefangen.

»Wie konnte ich bloß in diese Lage kommen?« schrie Sindbad. Das Echo warf seine Stimme zurück.

Plötzlich war ein lautes Zischen zu hören. Überall um Sindbad herum wanden sich Schlangen auf dem Boden. Die Schlangen lagen auf Diamanten und Edelsteinen – manche waren so groß wie Sindbad selbst.

Sindbads Augen öffneten sich weit beim Anblick dieser Schätze. Dann erinnerte er sich an die Schlangen und brachte sich in der nächsten Höhle in Sicherheit.

»Ich kann Stimmen hören«, rief Sindbad entzückt aus. »Irgendjemand ist hier, um mich zu retten.« Der Junge blickte auf und sah Gesichter, die über den Rand der Felsen spähten. Ein paar Männer warfen etwas auf die unten liegenden Felsen. Konnten es große Fleischstücke sein?

Plötzlich verstand Sindbad, was vor sich ging. Die Männer warfen Fleischstücke auf die Diamanten in der Nähe der Schlangen. Dann würden die Felsenadler herabstürzen, das Fleisch ergreifen und in ihre Nester schleppen. Manchmal blieben ein paar Diamanten am Fleisch hängen, und die Männer holten die Edelsteine aus den Adlernestern.

Sindbad wartete darauf, daß der größte Vogel herabkam. Er ergriff den größten Diamanten, den er finden konnte und hängte sich mit aller Kraft an die Beine des Vogels.

So entkam der Abenteurer Sindbad den Schlangen und saß plötzlich im größten Adlernest mit einem riesigen Diamanten bei sich.

Sindbad kehrte als reicher Mann heim. Doch nach einer Weile war er das Nichtstun leid und er entschloß sich, auf eine andere Reise zu gehen.

Nach vielen Tagen auf See ging sein Schiff im Hafen einer großen Stadt vor Anker.

Als die armen Leute Sindbad und seine Mannschaft erblickten, baten sie ihn um Hilfe. »Unsere Märkte sind leer. Wir haben nichts mehr zu verkaufen und nichts zu kaufen«, beklagten sie sich. »Wir haben keine Kokosnüsse oder Datteln, keine Granatäpfel oder Feigen mehr, nicht einmal eine Banane.«

Sindbad war verwirrt, bis die Leute das erklärten. »Unsere Bäume sind so hoch und so weich, daß niemand sie hinaufklettern kann außer den Affen.«

»Überlaßt uns das«, lachten Sindbad und seine Männer. Und sie machten sich auf die Suche nach den Obstbäumen im Wald.

Als die Schiffsmannschaft die Affen erblickte, die in den Baumspitzen saßen, hatte sie eine Idee. Die Matrosen sahen sich nach Steinen um, die sie auf die Affen warfen – die glaubten, es wäre ein Spiel. Darum bewarfen sie die Seeleute mit Kokosnüssen und anderen Früchten, die alle in Säcke gefüllt wurden.

Die Seeleute kehrten damit in die Stadt zurück und gaben die ganzen Früchte den hungrigen Menschen. Alle waren sehr dankbar. Sindbad und seine Leute segelten mit vielen Geschenken und Danksagungen davon.

Sindbad war gerade nach Bagdad zurückgekehrt, als der Kalif nach ihm schickte. »Stich sofort in See und bring meinem Freund, dem Sultan von Tasmir, diese Geschenke«, befahl er.

So gingen Sindbad und seine Mannschaft erneut auf See – doch leider wurde das Schiff unterwegs von Piraten angegriffen, die alle an Bord gefangennahmen. Im nächsten Hafen verkauften die grausamen Piraten Sindbad und die Seeleute als Sklaven.

Sindbad wurde von einem reichen Kaufmann erworben, der eine schöne Tochter hatte. »Sklave«, grinste der Kaufmann, »ich habe eine gefährliche Aufgabe für dich«, und er schickte Sindbad tief in den Wald hinein.

»In wenigen Augenblicken wird der größte Elefant der Welt auf seinem Weg zum Wasser hier vorbeikommen. Nimm diesen Pfeil und Bogen und erschieß ihn.«
Mit diesen Worten scheuchte der Kaufmann Sindbad den Baum hinauf und lief weg.

Plötzlich konnte Sindbad fühlen, wie der Baum bebte. Unten auf dem Pfad kam ein riesiger Elefant mit schimmernden Stoßzähnen entlanggetrampelt. Sindbad zitterte vor Furcht.

Der arme Junge zitterte so sehr, daß er die Balance verlor und vom Baum fiel. Er landete auf dem Elefanten und glitt an seinem Rüssel hinunter zur Erde. Sindbad kniff ganz fest seine Augen zu, denn er war sicher, daß der Fuß des Elefanten ihn zu Brei zermahlen würde.

Eine sanfte Stimme sprach zu dem Elefanten, sie gehörte der Tochter des Kaufmannes. Sie stand mitten auf dem Waldweg – und fütterte das Tier mit Brot und Früchten.

Sindbad mochte kaum seinen Augen trauen. »Hab keine Angst,« sagte das Mädchen. »Ich komme jede Nacht her, um dieses herrliche Tier zu füttern. Mein Vater ist ein grausamer Mann. Er will meinen Elefanten töten und seine Stoßzähne abschneiden, um das Elfenbein zu verkaufen.«

Als das Mädchen ihre Arme um den dicken Rüssel des Elefanten schlang, sah Sindbad, wie freundlich dieser war.

»Komm«, lächelte Sindbad, »laß uns von hier fliehen.« Schnell half er dem Mädchen auf den Elefanten. »Wir werden die ganze Nacht hindurch auf diesem Elefanten reiten, und er wird uns nach Bagdad zurücktragen.«

So gingen sie gemeinsam fort und reisten viele Meilen durch das Land, bis sie schließlich sicher zurückkamen – und glücklich bis an das Ende ihrer Tage lebten.

Die drei kleinen Schweinchen

Vor langer Zeit lebte einmal ein Mutterschwein mit seinen drei kleinen Schweinchen in einem warmen und komfortablen Stall auf einem Bauernhof.

Sie waren zusammen sehr glücklich und vertrugen sich gut mit all den anderen Tieren. Der Bauer gab ihnen genug zu fressen. Er füllte zweimal am Tag ihren Trog mit so vielen Rüben und saftigen Äpfeln, wie sie vertilgen konnten.

Du weißt vielleicht, daß Schweine ihr Futter sehr gerne mögen – deshalb war es nicht überraschend, daß die kleinen Schweine zu groß für den Hof wurden.

Mutter Schwein betrachtete sie mit Stolz. »Ihr seid so groß geworden, daß ihr jetzt in die Welt hinaus ziehen und eigene Heime bauen müßt.«

Als sie Auf Wiedersehen sagten, gab die Mutter ihnen noch einen guten Rat. »Denkt immer daran, euch vor dem bösen Wolf in acht zu nehmen«, sagte sie mit Tränen in den Augen. Dann machten sich die drei kleinen Schweine singend und tanzend auf den Weg.

Nach kurzer Zeit kamen sie an einen Haufen Stroh. »Das muß mein Glückstag sein«, grummelte das erste kleine Schwein. »Ich werde mein Haus aus Stroh genau an dieser Stelle bauen!« Es ergriff das Stroh und hatte in Null Komma nichts sein kleines Haus erbaut.

Das zweite kleine Schwein ging weiter, bis es zu einem Wald kam. »Was bin ich glücklich dran«, quiekte das Schweinchen. »Ich baue mein Haus aus Holzstöcken. Dieser Platz eignet sich gut zum Wohnen, und ich muß sie nicht so weit tragen!«

Es machte sich an die Arbeit und hatte schon bald ein schönes Haus stehen, mit Fenstern und Türen und sogar einem hölzernen Kamin. Das zweite kleine Schwein fühlte sich ganz sicher vor dem bösen Wolf. Da ließ es sich nieder, um sein Abendbrot zu verzehren.

Das dritte der kleinen Schweinchen war jedoch viel schlauer als die anderen beiden. Es wollte sein Haus aus Ziegelsteinen bauen – und hatte alles Werkzeug dafür mitgebracht. Es arbeitete lange Zeit sehr hart, bis das Haus fertig war und es sich drinnen sicher fühlen konnte.

Während all der Zeit hatte der große böse Wolf die drei kleinen Schweinchen beobachtet.

Natürlich kam der böse Wolf eines Tages und klopfte an die Haustür des ersten kleinen Schweinchens. Er sagte: »Kleines Schwein, kleines Schwein, kann ich hereinkommen?«

»Nein, beim Haar meiner Großmutter, du kannst nicht hereinkommen«, quiekte das kleine Schwein.

»Dann werde ich ganz tief Luft holen und dein Haus fortpusten«, antwortete der böse Wolf. Dann holte er tief Luft, blies und pustete, und in Null Komma nichts war das kleine Strohhaus nicht mehr da und der Wolf verschlang das erste kleine Schwein.

Am nächsten Tag machte sich der Wolf auf den Weg zum zweiten kleinen Schwein. Er brauchte nicht lange, um das Holzstockhaus zu finden. Als das zweite Schwein den Wolf kommen hörte, rannte es ins Haus und verschloß die Tür.

Der große böse Wolf klopfte an die Tür und rief: »Kleines Schwein, kleines Schwein, kann ich hereinkommen?« »Nein, beim Haar meiner Großmutter, du kannst nicht hereinkommen«, quiekte das zweite kleine Schwein.

»Dann werde ich tief Luft holen und dein Haus einfach umpusten«, antwortete der Wolf. Dann blies und pustete er, und in Null Komma nichts war das Haus in Stücke zerfallen – und der Wolf verschlang auch das zweite kleine Schwein.

Es dauerte nicht lange, bis der Wolf auch das vom dritten Schweinchen gebaute Steinhaus gefunden hatte. Er marschierte den Weg hoch und klopfte an die Tür. »Kleines Schwein, kleines Schwein, kann ich hereinkommen?«

»Nein, beim Haar meiner Großmutter, du kannst nicht hereinkommen«, rief das dritte kleine Schwein.

»Dann werde ich tief Luft holen und dein Haus einfach umpusten«, antwortete der Wolf. Dann blies und pustete er – doch das Steinhaus fiel nicht um. Der wütende Wolf rannte um das Haus herum und klopfte und schlug an die Wände – er versuchte sie umzustoßen. Doch immer noch fielen die Ziegelmauern nicht zusammen. Der Wolf mußte aufgeben und nach Hause gehen.

»Der kommt bestimmt nochmal«, dachte das kleine Schwein. Und natürlich hatte es recht.

Der gemeine Wolf beschloß, sich das Schwein mit einem Trick zu fangen und ein leckeres Mahl daraus zu bereiten. Am nächsten Tag rief er durch das Fenster des kleinen Schweins: »Komm morgen früh um sechs Uhr mit mir hinaus. Wir werden uns ein paar Rüben aus dem Feld des Bauern graben.«

Doch das schlaue kleine Schwein stand schon eine Stunde früher auf, und als der Wolf nach ihm rief, saß es wieder sicher in seinem Steinhaus und aß die Rüben.

Dann sagte der Wolf: »Triff mich morgen um fünf Uhr. Dann werden wir dort drüben von dem Baum ein paar Äpfel pflücken.«

Um vier Uhr am nächsten Morgen kletterte das Schwein auf den Baum, um Äpfel zu pflücken. Doch als es die Krone erreichte, sah es unter sich den Wolf warten, der es fressen wollte.

»Diese Äpfel sind so saftig«, sagte das kleine Schwein und warf einen davon weit weg. Und während der Wolf hinter dem Apfel herrannte, sprang das Schwein vom Baum und eilte nach Hause.

Doch der Wolf wollte immer noch nicht aufgeben. »Komm um vier Uhr mit mir zum Rummel«, bat er das kleine Schwein.

Um zwei Uhr ging das kleine Schwein zum Rummel und fuhr auf allen Karussells. Weil es noch ein bißchen Geld übrig hatte, kaufte es sich ein leeres Butterfaß.

Auf dem Heimweg sah es den Wolf den Hügel heraufkommen. Da sprang es in das Butterfaß. Dieses fiel um und rollte den Berg hinunter. Es rollte schneller und immer schneller und schließlich über den Wolf hinweg. Das kleine Schwein rannte nach Hause, zwar durchgerüttelt, doch sicher.

Spät in der Nacht hörte das Schwein ein Geräusch auf seinem Dach. Es war der große böse Wolf.

»Ich komme durch deinen Kamin hinunter und werde dich auffressen«, rief der Wolf, als er hinabkletterte. So schnell es konnte, nahm das Schweinchen den Deckel von einem Topf, der auf dem Feuer kochte. Der große böse Wolf kam den Kamin hinuntergeglitten und fiel mit einem Platsch mitten in den Kochtopf.

Das war sein Ende!

Doch es war nicht das Ende des dritten kleinen Schweins. Es war einfach zu schlau für den bösen Wolf.

Das häßliche Entlein

Es war Sommer. Der Himmel war blau, und die Luft erfüllt vom Duft der Wiesenblumen – und das Summen der Bienen, die von Blüte zu Blüte flogen, machte Mutter Ente sehr schläfrig.

Sie hatte den ganzen Sommer lang auf ihrem Nest gesessen, das tief im Riedgras eines kleinen Sees versteckt lag. Mutter Ente fühlte sich dort recht einsam. »Ich wünschte, meine Küken würden schlüpfen«, seufzte sie, »dann hätte ich jemanden, mit dem ich reden oder einen kleinen Ausflug auf dem See machen könnte.«

Endlich begannen die Eier aufzuplatzen. Erst eins, dann ein zweites und weiter, bis alle Küken aus ihren Schalen geschlüpft waren. Ihre weichen gelben Daunen trockneten schnell in der warmen Sommersonne. Bald schon waren alle begierig, die neue Umgebung zu erkunden.

Die Küken sprangen aus dem Nest und rannten ins Ried. Ein paar versteckten sich, und natürlich gingen auch ein paar verloren. »Piep, piep, was für eine große Welt!« riefen alle aus. Die arme Mutter Ente war ganz geschafft.

»Alles, was ich brauche, ist ein bißchen Ruhe und Frieden«, quakte sie, als sie zum Nest zurückwackelte, um sich auszuruhen. Erst da bemerkte sie, das ein Küken noch nicht geschlüpft war. »Wie seltsam«, dachte sie, »dieses Ei ist so groß, es sieht gar nicht wie meine anderen aus.«

Doch sie setzte sich auch auf dieses und hielt es warm wie die anderen. Endlich brach das dicke Ei auf. Heraus taumelte ein Küken, das zweimal so groß wie die anderen war. Leider muß man sagen, daß es verglichen mit seinen Geschwistern, sehr häßlich war.

Die arme Mutter Ente schüttelte die Federn, als sie ihr riesiges Küken betrachtete. »Wie groß und häßlich du bist. Gar nicht wie die anderen.«

Es war an der Zeit, die neue Familie zum Schwimmen an den See zu bringen. Eins nach dem anderen sprangen die Enten mit einem Platsch ins Wasser. Alle schwammen wunderschön los – besonders das häßliche Entlein.

Wie schnell sie über den See gleiten konnten. Sie folgten ihrer Mutter in einer Reihe. »Wie schön ist die Welt«, quiekten die Entlein. Dann sprang eins nach dem anderen aus dem Wasser, und alle watschelten zum Bauernhof.

Der Ort war sehr laut. Voller Hühner und Enten, die sich pickten, hackten und um jedes Korn stritten.

Leider mochte niemand das häßliche Entlein leiden. Vielleicht, weil es anders war als die anderen, nicht so weich und flauschig wie die übrigen Küken.

»Es ist so häßlich«, gackerte ein altes Huhn. »Ich habe noch nie so etwas Häßliches gesehen.« Und sie versuchte, in die Beine des häßlichen Entleins zu picken.

Das kleine Entlein fühlte sich sehr unglücklich. »Ich bin so häßlich. Ich werde weit weggehen, so daß mich niemand mehr sieht.«

Da rannte es über die Felder, bis es zu den Marschen kam, wo die wilden Enten lebten. Doch auch dort wurde es nicht geduldet. Sie zischten und hackten mit ihren schwarzen Schnäbeln, bis es wegrannte.

Als die Dunkelheit hereinbrach, kam das Entlein zu einer alten Hütte. Es kroch unter der Tür hindurch und verbrachte die Nacht im Warmen. Am nächsten Morgen wurde es von einer alten Frau gefunden. »Kannst du Enteneier legen?« fragte sie. Das häßliche Entlein schüttelte seinen Kopf. »Dann mußt du verschwinden,« schnarrte ihre Katze und jagte es zur Tür hinaus.

Da entschloß sich das häßliche Entlein, einen Platz zu finden, wo es sich verstecken konnte und wirklich niemand es sah. Wochenlang lebte es allein an einem See. Der Sommer war längst vorüber und der Winter nahte.

Eines Abends flogen viele wunderschöne weiße Vögel über seinen Kopf hinweg. Das Entlein schaute voll Bewunderung zu ihnen auf. »Wenn ich doch auch nur so schön sein könnte!« sprach es und begann zu weinen. Jene Nacht war so kalt, daß der See zufror. Das häßliche Entlein war so müde. Es schlief ein und fror im See fest.

Sehr früh am nächsten Morgen kam glücklicherweise ein Bauer vorbei. Er zerbrach das Eis mit seinem Stock und befreite das Entlein. Er steckte es unter seine warme Jacke und brachte es heim zu seiner Frau.

»Ich kann es mästen«, sagte sie. »In ein paar Wochen wird es einen prima Braten abgeben.«

Leider waren die beiden Kinder des Bauern sehr gemein. Sie jagten das arme Entlein den ganzen Tag lang durch die Küche und versuchten, es zu fangen.

Eines Tages jagten sie es so schnell, daß es in eine Milchkanne flog. Die Bauersfrau schrie auf und traf es fast mit dem Kochlöffel. Es versuchte zu entkommen, doch es landete mitten in einem Mehlfaß.

In dem darauffolgenden Durcheinander floh das häßliche Entlein aus der Küchentür und hielt nicht eher an, bis es an einen friedlichen See kam.

Irgendwie schaffte es die strahlende Sonne, daß das Entlein froh war zu leben. Als es aus seinem Versteck im Ried herausschwamm, glitten drei schneeweiße Schwäne auf das Entlein zu.

Das häßliche Entlein beugte seinen Kopf.
Es wartete darauf, daß auch sie ihn anzischten und pickten. Dabei bemerkte es sein Spiegelbild im Wasser. Es war nicht länger das häßliche, unbeholfene Entlein – es war ein wunderschöner weißer Schwan!

»Flieg mit uns«, sprachen die Schwäne. Endlich glücklich, spreizte der neue Schwan seine Flügel und flog mit ihnen weit weg über den See.

Peter Pan

Dies ist die Geschichte von Peter Pan – dem Jungen, der nie erwachsen werden wollte. Er kommt aus dem Niemals-Niemals-Land, einer Insel, die Kinder manchmal in ihren Träumen besuchen. Das Wunderbarste an Peter Pan aber ist ... er kann fliegen!

Diese wunderschöne Geschichte beginnt in einem großen Haus in London. Es ist das Haus von Herrn und Frau Liebling, den Eltern von Wendy, Michael und John. Diese drei Kinder haben ein etwas außergewöhnliches Kindermädchen, einen riesig großen Neufundländer namens Nana.

Warum sollte Peter Pan jemals das Haus der Lieblings besuchen? Manchmal, wenn er sich einsam fühlte, flog er zu ihrem Kinderzimmerfenster und schaute heimlich hinein – einfach, um wieder Teil einer menschlichen Familie zu sein und sich daran zu erinnern, wie es war, eine Mutter zu haben.

Wenn das Kinderzimmerfenster offenstand und Nana nirgends zu sehen war, flog Peter manchmal in den Raum hinein. Wendy erhaschte oft einen Blick auf den fremden Jungen – aber sie dachte immer, sie würde träumen. Eines Abends saß Frau Liebling und nähte, als ihre Kinder bereits schliefen. Peter flog direkt ins Kinderzimmer. Er bemerkte nicht, daß Nana auch dort war. Der Hund sprang auf, knurrte und bellte den Jungen an. Als dieser zu fliehen versuchte, blieb sein Schatten im Fenster hängen – und Peter mußte ihn zurücklassen. Verwirrt hob Frau Liebling ihn auf und steckte ihn in eine Schublade.

Am nächsten Abend, als die Lieblings ausgegangen waren, flog ein helles kleines Licht durch das Fenster und begann herumzuschwirren – es war Glöckchen, eine winzige Fee, die überall mit Peter hinging.

Sie suchte nach Peters Schatten. Sie sah in alle Schränke, in alle Schubladen, sie tauchte sogar in ein Faß. Zufällig fand sie die richtige Stelle, als Peter gerade hereinflog.

Er griff seinen Schatten und verschloß die Schublade und sperrte dabei das arme Glöckchen ein. Er suchte nach etwas, womit er seinen Schatten wieder an sich befestigen konnte.

Der Lärm weckte Wendy auf. Sie wußte sofort, was zu tun war. Sie holte ihren Nähkasten und nähte den Schatten wieder sorgfältig an.

Als Wendy Peter einen Kuß anbot, sah dieser sehr verwirrt aus. Er hatte noch nie einen Kuß bekommen und hielt deshalb seine Hand wie für ein Geschenk auf. Da gab Wendy ihm stattdessen ihr Silbermedaillon. Dafür gab Peter ihr einen seiner Eichenknöpfe, den sich Wendy an einer Kette um den Hals hing.

Peter saß im Kinderzimmer und erzählte Wendy alles über das Niemals-Niemals-Land, wo er mit den Verlorenen Jungen und den Feen lebte. Er erklärte, daß jedesmal, wenn ein Kind sagt: »Ich glaube nicht an Märchen«, eine Fee stirbt.

Dabei erinnerte sich Peter daran, daß Glöckchen immer noch in der Schublade eingesperrt war. Er ließ sie heraus. Sie war sehr wütend. Sie schwirrte um Wendy herum und versuchte, sie an den Haaren zu ziehen. Vielleicht war sie auf Peters neue Freundin eifersüchtig.

Der Lärm weckte schließlich auch Michael und John auf. Sie lauschten atemlos, als Peter ihnen von seinen harten Kämpfen mit den Piraten im Niemals-Niemals-Land erzählte. Und natürlich wollten sie auch dorthin gehen.

So wurde abgestimmt, daß sie zuerst fliegen lernen und dann in jener Nacht mit Peter fortziehen sollten.

Nach viel Übung waren sie bereit. Nicht einen Augenblick zu früh, denn Herr und Frau Liebling kamen gerade die Treppe herauf.

Die Kinder flogen nacheinander aus dem Fenster und ließen ihre armen Eltern zurück. Bald schwebten sie durch den Nachthimmel, die Lichter von London weit unter sich.

Es ging immer weiter. »Beim zweiten Stern nach rechts und weiter bis zum Morgen«, rief Peter, als sie flogen.

Endlich, als die Sonne aufging, erblickten sie das Niemals-Niemals-Land unter sich. Es war genau, wie Peter gesagt hatte. Dicht bei der Insel hatte das Piratenschiff geankert, die Jolly Roger mit dem bösen Kapitän Hook. Der Piratenanführer haßte Peter, weil dieser ihm die Hand abgeschlagen und einem Krokodil vorgeworfen hatte, das nun auch gerne den Rest noch fressen wollte.

Glücklicherweise hatte das Krokodil eine Uhr verschluckt, so daß man es mit einem Tick-Tick-Tick sich nähern hörte.

Wendy und die Jungen sahen einen Indianerstamm und die Wigwams, als sie über die Insel flogen. Das waren die Rothäute, die immer auf der Spur der bösen Piraten waren.

Plötzlich gab es einen lauten Knall. Das Piratenschiff unten hatte seine Kanone abgefeuert. Der Wind blies die Kinder in verschiedene Richtungen. Glöckchen haßte Wendy so sehr, daß sie vorgab, diese in Sicherheit zu bringen – stattdessen brachte sie sie in große Gefahr.

Unten auf der Insel blickten Peters Verlorene Jungen in den Himmel. Sie sahen Wendy und dachten, sie wäre ein großer Vogel. »Peter will, daß ihr den Vogel abschießt!« rief Glöckchen.

Deshalb nahm der größte Junge Pfeil und Bogen und schoß Wendy mitten ins Herz. Sie fiel vom Himmel und landete auf dem Boden. Gott sei Dank hatte der Pfeil nur den Eichenknopf getroffen, den Peter ihr gegeben hatte, und sie war unverletzt.

Peter war so verärgert, daß er Glöckchen für eine ganze Woche verbannte. Da haßte sie Wendy nur noch mehr.

Eifrig führten die Verlorenen Jungen Wendy in ihr geheimes Versteck unter der Erde. Um es zu erreichen, mußten sie sich durch Löcher in hohlen Bäumen quetschen und in eine unterirdische Höhle rutschen.

Wendy, John und Michael lebten wochenlang bei den Verlorenen Jungen. Wendy wusch für sie, kochte das Essen und erzählte ihnen Geschichten, wie eine richtige Mutter. Sie erzählte von ihrem Zuhause und ihrer Mutter so schöne Geschichten, daß John und Michael Heimweh bekamen. Die Verlorenen Jungen wollten mit ihnen ziehen.

»Versprich mir, daß du jeden Abend, wenn ich weg bin, deine Medizin nimmst.« Die Worte waren kaum heraus, als ein markerschütternder Schrei die Luft erfüllte.

Die Piraten griffen die Indianer in dem Wald oberhalb der Höhle an. Es war eine harte Schlacht, und leider gewannen die Piraten. Die Verlorenen Jungen jedoch dachten, daß ihre Freunde, die Rothäute gewonnen hätten. Deshalb kroch einer nach dem anderen aus dem Versteck.

Die bösen Piraten warteten, sie warfen sich über sie und fingen alle Jungen. Sie fesselten sie und brachten sie an Bord der Jolly Roger.

Doch Kapitän Hook blieb zurück. Er wollte Peter Pan töten! Er blickte in alle hohlen Bäume, bis er Peter Pan schlafend in einer Höhle entdeckte. Er quetschte seinen Arm hinein und gab fünf Tropfen eines tödlichen Giftes in Peters Medizinglas, das Wendy zurückgelassen hatte.

Spät in der Nacht wurde Peter von Glöckchen geweckt, die ihm von der Gefangennahme Wendys erzählte. Schnell sprang Peter aus dem Bett, um seine Medizin zu nehmen, wie er es versprochen hatte.
Glöckchen wußte, daß es tödliches Gift war – sie hatte Kapitän Hook im Wald darüber reden hören.

Tapfer flog sie zum Glas und trank selbst die Medizin aus. Als sie zu Boden fiel, war ihr kleines Feenlicht bereits erloschen. Sie lag im Sterben.

Peter stand auf und rief mit lauter Stimme: »Wenn ihr an Feen glaubt, klatscht in die Hände!« Die ganze Luft schien voller Lärm zu sein – der von all den Kindern in der ganzen Welt gemacht wurde. Glöckchen war gerettet.

Der schreckliche Kapitän Hook hatte Wendy an einen Mast gebunden und wollte die Verlorenen Jungen über die Planke gehen lassen. Plötzlich hielt er inne. Er fiel vor Angst aufs Deck. »Tick, Tick, Tick.« Er dachte, es sei das Krokodil.

In Wirklichkeit kam Peter Pan, der es nachmachte. Hook versteckte sich vor Furcht. Inzwischen sprang Peter Pan an Bord und befreite die Kinder.

Dann begann der schreckliche Kampf mit Hook. Sie kämpften deckrauf, deckrunter mit den Schwertern, bis Hook schließlich das Gleichgewicht verlor und ins Meer fiel – wo sein Freund, das Krokodil, bereits auf ihn wartete.

Für Wendy, John und Michael war es eine große Freude, nach Hause zurückzukehren. Und wie glücklich waren die Lieblings, ihre Kinder wohlbehalten zurückzubekommen.

Es wird erzählt, daß die Lieblings alle Verlorenen Jungen adoptierten, und daß Wendy jedes Jahr ins Niemals-Niemals-Land zu Peter Pan ging – vielleicht kannst auch du eines Tages dorthin gehen!

Hans und die Zauberbohne

Dies ist die Geschichte von einem Jungen namens Hans, der mit seiner Mutter in einer winzig kleinen Hütte lebte.

Sie waren so arm, daß sie kaum genug Geld für das Essen hatten – nicht einmal einen Pfennig.

»Da bleibt nur noch eins zu tun«, seufzte seine Mutter. »Wir müssen unsere Kuh Butterblume verkaufen. Sie ist das einzige, das wir noch besitzen auf der Welt.«

Da versprach Hans, am nächsten Tag mit Butterblume zum Markt zu gehen, um sie für soviel Geld wie möglich zu verkaufen.

Bevor es am nächsten Morgen hell war, brach Hans zum Markt auf. Er ging aus dem Haus, als seine Mutter noch schlief. Sie mochte die Kuh sehr und hätte es nicht ertragen, sich von ihr verabschieden zu müssen.

Hans war noch nicht weit gekommen, als er einen Händler traf. »Ich werde deine Kuh für diese fünf magischen Bohnen kaufen«, sagte der Fremde und streckte seine Hand aus. »Pflanze sie ein, und du wirst reich werden.«

Der junge Hans konnte nicht widerstehen. Er gab dem Händler Butterblume, griff sich die magischen Bohnen und rannte nach Hause, um alles seiner Mutter zu erzählen.

Sie war sehr überrascht, ihn so bald vom Markt zurück zu sehen. Als sie von den magischen Bohnen hörte, wurde sie sehr ärgerlich und warf diese aus dem Fenster. Der arme, dumme Hans aber wurde ohne Abendbrot ins Bett geschickt.

Der nächste Morgen war dunkel und seltsam trübe. Hans sprang aus dem Bett und sah aus dem Fenster. Der Himmel über ihm war dunkel – doch nicht von Wolken, sondern von großen grünen Blättern.
Zu Hans Verwunderung waren die magischen Bohnen über Nacht gewachsen. Sie waren so riesig, daß sie die kleine Hütte ganz bedeckten und bis in den Himmel reichten.

Hans mußte die Hüttentür mit aller Kraft aufstoßen. Er trat hinaus und begann, an den Bohnen hochzuklettern. Die Äste der Bohnen waren so stark, daß sie eine Leiter bildeten. Bald schon war Hans hoch hinaufgeklettert, bis die Hütte nur als kleiner Punkt unten zu sehen war.

Die letzten Äste wurden dünner, und Hans wußte, daß er oben angekommen war. Vor ihm lag eine lange Straße, die zu einem geheimnisvollen Schloß führte. Tapfer marschierte Hans bis vor die Schloßtür. Er klopfte laut an und wartete.

Das Tor wurde von der größten Frau geöffnet, die Hans jemals gesehen hatte. »Komm herein und iß«, sprach sie mit lauter Stimme. »Hüte dich aber vor meinem Mann, dem Riesen – sonst wird er dich fressen.«

Hans wurde blaß. »Hab keine Angst«, lachte die Riesin, als sie ihn in ihre Küche führte. Die freundliche Frau gab ihm einen Teller mit Essen, der fast so groß war wie er selbst. Hans hatte erst zwei Gabeln voll gegessen, als der ganze Raum zu wackeln anfing.

»Mein Mann, der Riese, ist heimgekehrt«, rief die Riesin. Mit diesen Worten stieß sie Hans in den Wandschrank.

Nicht einen Augenblick zu früh, denn der Riese stampfte in das Zimmer und fing an, um Hans Schrank herumzuschnüffeln.

»Fee, fi, fo, fum, ich rieche Menschenfleisch. Mag er lebendig oder tot sein, ich werde seine Knochen zu Mehl zermahlen und daraus Brot backen.«

Seine Frau lächelte. »Es ist nur die Riesenfleischpastete, die ich dir zum Essen gekocht habe, welche du riechst.«

Als er jeden Bissen von dem Essen vertilgt hatte, hieb der Riese mit seiner Faust auf den Tisch. »Frau«, schrie er, »bring mir mein Huhn, das goldene Eier legt.«

Hans mochte seinen Augen kaum trauen, als er aus dem Schrank lugte.

»Leg goldene Eier«, befahl der Riese. Und das kleine braune Huhn, vom Riesen mitten auf den Tisch gestellt, begann, goldene Eier zu legen. Der Riese nahm die Eier, steckte sie in seine Taschen und schlief fest ein.

Hans ergriff die Gelegenheit. Er sprang aus dem Schrank, packte das Huhn und rannte um sein Leben, bis der die Spitzen der Bohnenranken erreichte.

Er rutschte die dicken Äste in Höchstgeschwindigkeit herunter. Seine Mutter war überglücklich, ihn wohlbehalten wiederzusehen. Das kleine braune Huhn legte eine Menge Eier, und sie wurden reich. Hans kaufte die Kuh Butterblume zurück, und alle drei waren sehr glücklich.

Nach einiger Zeit sehnte sich Hans danach, die Bohnenranken nochmals hochzuklettern. Bevor ihn jemand aufhalten konnte, kletterte er eines morgens auf der Suche nach neuen Abenteuern hinauf. Er kletterte höher und höher, bis er die Straße erblickte, die zum Schloß des Riesen führte. Erneut wurde die Schloßtür von der Frau des Riesen geöffnet. Sie erkannte Hans wegen seiner schönen neuen Kleider nicht, deshalb bat sie ihn herein.

Hans hatte gerade die Küche erreicht, als der Riese eintrat. Der Junge sah sich ängstlich um.

»Versteck dich im Holzkorb neben dem Ofen«, bat ihn die erschreckte Frau des Riesen.
Natürlich ging der Riese gleich zu dem Platz hinüber, wo Hans steckte.

»Fee, fi, fo, fum, ich rieche Menschenfleisch, sei er lebendig oder tot, ich werde seine Knochen zu Mehl zermahlen und daraus Brot backen.«

»Es ist nur die Suppe, die ich dir heute morgen gekocht habe, welche du riechst«, sagte seine Frau, als sie die riesige Schale vor ihn auf den Tisch stellte.

Was machte der Riese für Geräusche, als er seine Suppe schlürfte. Sobald er damit fertig war, nahm er eine schöne goldene Harfe von dem Regal über sich. »Spiel mir ein Wiegenlied«, befahl der Riese der Harfe.

Hans hatte noch nie in seinem Leben eine so schöne Musik gehört. Er wußte, er mußte die Harfe unbedingt haben. Die Harfe spielte so süße Musik, daß der Riese schon bald eingeschlafen war.

Hans sah die Gelegenheit und nahm die Harfe vom Tisch. Doch als er aus dem Schloßtor rannte, begann die Harfe laut zu spielen: »Hilf mir, Herr, hilf mir, Herr!«

Der Riese erwachte gerade noch rechtzeitig, um Hans mit der Harfe aus dem Schloßtor rennen zu sehen.

Er verfolgte den Jungen, brüllend und grunzend. »Du hast mein Huhn gestohlen, du sollst nicht auch noch meine Harfe haben!« Und er jagte Hans in Richtung der Bohnenranken.

Hans glitt so schnell er konnte die Ranken hinunter. Er fühlte, wie die Ranken knackten und schwankten, als der Riese hinter ihm her kletterte. Nun war der Riese so langsam, wie Hans flink war. Als der Junge das untere Ende der Ranke erreichte, ergriff er eine Axt und schlug die Äste mit aller Kraft nieder.

Das ganze Geranke begann zu reißen. Nach ein paar weiteren Axtschlägen kam die große Bohnenpflanze herunter – und der Riese mit ihr. Sein großes Gewicht schlug ein riesiges Loch in den Boden, in dem er verschwand. Er wurde nie wieder gesehen.

Hans und seine Mutter lebten glücklich mit der goldenen Harfe und dem kleinen braunen Huhn bis an ihr Lebensende. Natürlich war auch die Kuh Butterblume dabei.

Die Prinzessin auf der Erbse

Es lebte einmal ein Prinz, der sich gerne verheiraten wollte. »Du mußt eine richtige, feine Prinzessin heiraten«, sagte seine Mutter, die Königin. »Sie muß schön, klug, charmant und freundlich sein. Keine ohne diese Eigenschaften.« Mit diesen Worten ließ sie das Pferd des Prinzen satteln, befahl ihm fortzureiten und Ausschau zu halten.

Daß es in seinem eigenen Königreich keine Prinzessinnen gab, mußte der Prinz in jedes Land der Welt reisen, um nach einer zu suchen.

Auf seiner Reise traf er viele, aber keine war perfekt. Einige waren zu groß, einige waren zu klein, andere waren zu dick, und wieder andere zu dünn. Ein paar waren sehr alt, und einige erst Babys.

Der arme Prinz war wirklich sehr enttäuscht. »Ich finde einfach nirgendwo eine richtige Prinzessin«, seufzte er. Er kletterte auf sein Pferd und machte sich auf den langen Heimweg. Als er schließlich zu Hause ankam, beschloß er, die Idee von der Heirat ganz aufzugeben.

In einer dunklen Nacht kam ein schrecklicher Sturm auf. Der Wind heulte, und es regnete wie aus Kübeln. Blitze erhellten den Himmel, und Donner ließ die Schloßmauern erbeben.

Trotz all des Lärms hörte der König ein leises Geräusch an der Schloßtür.

»Wer kann in einer solchen Nacht hier anklopfen?« fragte die Königin, denn sie saß warm und bequem und wollte sich nicht stören lassen. Der freundliche König jedoch stand auf und ging selbst die Tür öffnen.

In der Halle stand ein junges Mädchen. Ihre Kleider waren durchnäßt und ihre Schuhe trieften von Matsch. Regenwasser rann über ihr Gesicht, ihr langes goldenes Haar war ganz naß und hing herunter. Wie sah sie nur aus!

»Ich bin eine Prinzessin, kann ich bitte hereinkommen?«, flüsterte sie.

»Prinzessin oder nicht«, sprach der König, »komm herein ans Feuer und wärme dich auf«, und er führte sie an der Hand in die große Halle des Palastes.

Als der Prinz sie so am Kaminfeuer stehen sah, verliebte er sich augenblicklich in sie und wollte sie heiraten.

Die Königin warf nur einen Blick auf das Mädchen, das Wasser auf ihren kostbaren Teppich tropfen ließ und widersprach. »Sie kann nicht eine wirkliche, vornehme Prinzessin sein und so aussehen«,murmelte sie bei sich. »Ich habe noch nie im Leben eine solche Geschichte gehört.«

Mit diesen Worten ging sie in die Palastküche. Und dort nahm sie aus einem Schrank eine winzige, getrocknete Erbse. Dann schlich sie leise über die Hintertreppe in das beste Gästezimmer.

»Wir werden bald wissen, ob sie eine richtige, vornehme Prinzessin ist«, und sie legte die Erbse mitten in das Bett der Prinzessin.

Als nächstes schickte sie nach den Dienerinnen. »Bringt mir sofort zwanzig Matratzen aus euren Wäscheschränken.«

Die Dienerinnen sahen überrascht aus, doch schon bald eilten sie über die Korridore, stöhnten und ächzten unter dem Gewicht der Matratzen.

»Stapelt sie hoch auf dem Bett auf«, rief die Königin. »Nun holt mir zwanzig eurer weichsten Federbetten«, befahl sie mit strenger Stimme. Da brachten die Dienerrinnen die Federbetten. Nun waren sie alle ganz außer Atem.

»Nun legt ihr die zwanzig Federbetten oben auf die zwanzig Matratzen«, fuhr die Königin fort.

Der Matratzenstapel war jedoch so hoch, daß die Dienerinnen nicht hinauf gelangen konnten. Da befahl die Königin ihren Pagen, lange Leitern zu bringen. Sie brachten die zwanzig Federbetten die Leiter hoch, bis endlich alle Arbeit getan und die Königin zufrieden war.

Während diese Arbeit verrichtet wurde, trocknete die Prinzessin ihre Kleider und bereitete sich aufs Zubettgehen vor. Sie kletterte die Leiter hoch, bis oben auf die zwanzig Matratzen und Federbetten.

»Nun werden wir sehen, ob sie wirklich eine richtige, vornehme Prinzessin ist«, lächelte die Königin.

Am nächsten Morgen war der Sturm vorüber. Der Wind hatte sich gelegt, und die Regenwolken am Himmel waren weitergezogen. Heller Sonnenschein kam durch die Schloßfenster. Es war ein wunderschöner Tag.

Die Prinzessin jedoch kam zum Frühstück herein – sie sah blaß und müde aus.

»Hast du gut geschlafen?« fragte die Königin.

»Nein, habe ich nicht«, antwortete sie mit einem Gähnen. »Ich konnte überhaupt nicht schlafen.« Die arme Prinzessin rieb sich den Rücken. »Ich glaube, ich habe auf einem Felsen gelegen, so hart und unbequem hat sich das Bett angefühlt.«

Der Prinz sah seinen Vater ratlos an, doch die Königin sagte, sie sollten sich keine Sorgen machen. Wie lachte sie, als sie die Prinzessin zurück in ihr Zimmer führte.

Die Pagen nahmen alle Federbetten weg. Dann nahmen die Dienerinnen alle Matratzen fort. Und da lag, genau in der Mitte des großen Bettes, eine winzige, getrocknete ERBSE!

»Nur eine richtige, vornehme Prinzessin konnte die kleine Erbse durch alle Matratzen und Federbetten fühlen«, lachte die Königin voller Entzücken.

Als der Prinz die Geschichte hörte, bat er die Prinzessin, ihn zu heiraten. Nicht, weil sie bewiesen hatte, eine richtige, vornehme Prinzessin zu sein – sondern weil er sich in sie verliebt hatte, als er sie zum ersten Mal sah.

Da heiratete der Prinz die Prinzessin, und sie lebten sehr glücklich zusammen.

Sie verwahrten die getrocknete Erbse auf einem Samtkissen unter einem speziellen Glas. Dort würde sie sicher liegen. In ein paar Jahren könnten ihre Kinder einen Blick darauf werfen – und in vielen Jahren wohl auch die Enkelkinder!

Hänsel und Gretel

Es lebte einmal ein armer Holzfäller mit seiner Frau und zwei Kindern am Rande eines dunklen Waldes. Der kleine Junge hieß Hänsel, der Name des kleinen Mädchens war Gretel.

Als die Kinder noch klein waren, hatte der Holzfäller viel zu arbeiten, und alle genug zu essen. Doch leider hielt dieses Glück nicht lange an. Die Frau des Holzfällers starb. Der arme Mann wählte sich eine andere, die jedoch grausam und selbstsüchtig war.

Eines Tages kam eine große Hungersnot über das Land. Niemand hatte viel zu essen. Der arme Holzfäller machte sich große Sorgen, denn es war nur noch ein Stück Brot übrig. Seine Familie würde bald vor Hunger sterben.

Die grausame Stiefmutter von Hänsel und Gretel sorgte dafür, daß sie nicht vor Hunger starb. »Bring die Kinder morgen früh in den tiefsten Teil des Waldes und laß sie dort«, sagte sie zu ihrem Mann.

»Irgend jemand mag vorbeikommen und für sie sorgen und ihnen vielleicht ein Stück Brot geben. Denn wenn sie bei uns bleiben, werden sie auf alle Fälle sterben.«

Sie redete so lange, bis der arme Holzfäller ihrem bösen Vorschlag endlich zustimmte. Hänsel und Gretel hatten jedoch vor Hunger nicht schlafen können. Und sie hörten jedes Wort, das ihre Eltern sprachen.

»Weine nicht, Gretel«, sagte der Junge zu seiner kleinen Schwester, »ich habe nämlich einen Plan, wie wir wieder nach Hause kommen können.«

Der Mond schien hell, als Hänsel aus dem Schlafzimmerfenster kletterte und auf den Weg hinuntersprang. Er füllte beide Hosentaschen mit weißen Kieselsteinen. Dann kroch er leise ins Bett zurück.

Früh am nächsten Morgen führte der arme Holzfäller seine Kinder immer tiefer in den Wald. Der kluge Hänsel blieb ein wenig zurück. Er gab vor, die Vögel zu beobachten. In regelmäßigen Abständen ließ er einen der Kieselsteine aus seiner Tasche fallen. Als es dunkel wurde, machte der Holzfäller ein großes Feuer an. Seine Kinder waren so müde, daß sie sofort davor einschliefen. Als sie aufwachten, war ihr Vater fort.

Die kleine Gretel hatte Angst und fing an zu weinen. »Hab keine Angst«, sagte Hänsel zu seiner Schwester, »warte bis der Mond aufgegangen ist.«

Als der Mond aufgegangen war, konnten die Kinder die schimmernden Kieselsteine auf dem Waldweg liegen sehen. Sie folgten ihnen, und am Morgen waren sie wieder zu Hause.

Der Vater war überglücklich, seine geliebten Kinder wiederzusehen, doch ihre böse Stiefmutter war sehr verärgert, weil ihr Plan fehlgeschlagen war.

Es dauerte nicht lange, bis sie erneut mit dem Holzfäller redete. »Es gibt nicht genug zu essen für uns alle«, kreischte sie. »Werde irgendwie deine Kinder los, oder wir müssen alle sterben.«

Dieses Mal (um sicher zu sein, daß der Holzfäller nicht wieder einen Fehler machte) kam die Stiefmutter mit, um zu sehen, daß Hänsel und Gretel im Wald blieben um zu sterben.

Sie sah aber nicht, wie Hänsel kleine Brotkrumen auf den Waldweg fallen ließ.

Erneut machte der Holzfäller den Kindern ein lodern-des Feuer, und wieder schliefen beide ein. Als die Kinder aufwachten und sich allein wiederfanden, suchten sie nach den Brotkrumen. Doch leider hatten die Vögel alle aufgefressen. Armer Hänsel und arme Gretel, sie weinten am Feuer bis sie einschliefen.

Als es am Morgen hell wurde, machten sich die beiden auf die Suche nach dem Heimweg. In Wirklichkeit gingen sie aber im Kreis – tiefer und immer tiefer in den Wald hinein.

Da bemerkte Hänsel einen kleinen weißen Vogel auf einem Ast. Der Vogel sang »Folge mir, folge mir«.
Er flog vor den Kindern her, bis sie ein kleines Haus auf einer Lichtung erreichten.

Es war das merkwürdigste Haus, das es je gegeben hatte. Die Wände waren aus Lebkuchen, das Dach bestand aus Kuchen und Plätzchen. Die Fenster waren aus Zucker und die Türen aus Pfefferminzstäbchen gemacht.
Hänsel und Gretel waren so hungrig, daß sie kleine Stücke von dem Haus aufaßen.

Da öffnete sich die Tür, und eine alte Frau kam herausgehumpelt. Zuerst schreckten die Kinder ängstlich zurück. »Kommt herein, meine Lieben«, lächelte sie. »Ich werde auf euch aufpassen.«

Die alte Frau kochte ihnen ein gutes Essen und zeigte ihnen zwei kleine Betten mit weichen Kissen und Decken. In jener Nacht schliefen die Kinder mit dem Gefühl ein, sicher und geborgen zu sein.

Armer Hänsel und arme Gretel. Sie waren geradewegs in eine Falle geraten. Die alte Frau war eine böse Hexe, deren Lieblingsessen kleine Kinder waren! Früh am nächsten Morgen ergriff die Hexe den armen Hänsel und sperrte ihn in einen Käfig.

Als nächstes schüttelte sie Gretel unsanft. »Wach auf, Mädchen, und koch deinem Bruder ein gutes Frühstück. Wenn er dick genug ist, werde ich ihn aufessen.«

Tag für Tag mußte Gretel riesige Mahlzeiten kochen, um ihren Bruder zu mästen.

Nun war die Hexe jedoch sehr kurzsichtig. Jeden Morgen ließ sie Hänsel den kleinen Finger aus dem Käfig stecken – nur um zu sehen, wie dick er geworden war. Doch der Junge war schlau. Statt eines Fingers steckte er einen Hühnerknochen durch die Stäbe. »Du bist immer noch zu dünn«, kreischte sie und befahl Gretel, noch mehr Essen zu kochen.

Woche um Woche verging, bis die Hexe schließlich nicht länger warten konnte. »Ich werde ihn einfach so aufessen«, gackerte sie.

Ohne einen Moment zu verschwenden, drängte die alte Hexe Gretel in die Küche. Sie ließ das verängstigte Mädchen das Feuer so lange schüren, bis es rotglühend war. »Ist der Ofen bereit?« rief sie voller Gier.

»Ich kann es nicht sagen«, antwortete Gretel und gab vor, nichts zu verstehen.

Das machte die Hexe sehr wütend. »Dummes Mädchen«, schrie sie, während sie Gretel durch das Zimmer stieß. »So wird das gemacht!«, und die Hexe beugte sich nach vorne und steckte ihren Kopf in den Ofen.

Da gab Gretel ihr einen kräftigen Stoß.
Die böse Hexe fiel in den Ofen und verbrannte zu Asche.

Schnell befreite Gretel ihren armen Bruder aus dem Käfig, und die Kinder tanzten vor Freude.

Bevor sie sich auf den Heimweg begaben, fanden sie einen Haufen Gold im Haus der Hexe.

Plötzlich eröffnete sich wie durch ein Wunder ein neuer Weg durch den Wald. Er führte zu einem breiten Fluß, wo schon eine weiße Ente auf die Kinder wartete, um sie überzusetzen.

Schon bald erblickten sie ihr Haus durch die Bäume. Die gemeine Stiefmutter war gestorben, ihr Vater ein trauriger und sorgenvoller Mann geworden.

Gott sei Dank vergaßen Hänsel und Gretel die böse Hexe bald. Sie vergaben ihrem armen Vater und lebten von da an glücklich mit ihm zusammen.

Der Rattenfänger von Hameln

Vor langer Zeit passierte in Hameln, einer kleinen deutschen Stadt, eine sehr merkwürdige Geschichte. Diese Geschichte wurde immer von einer Generation zur nächsten überliefert – bis sie schließlich zur Legende wurde.

Die Stadt Hameln liegt an den Ufern des Flusses Weser. Sie war ein sehr angenehmer Ort zum Leben. Die Menschen dieser Stadt waren wohlhabend und hatten mehr als genug zu essen. Ihre Scheunen und Kammern waren gefüllt mit den köstlichsten Speisen, in ihren Kellern lagerten die besten Weine. Sie trugen kostbare Samtkleider, die mit Pelz eingefaßt waren und Schuhe aus sehr weichem Leder.

Doch eines Nachts war all das zu Ende. Als die Menschen sicher und warm in ihren Betten schliefen, kamen plötzlich und ohne Vorwarnung ungeheure Mengen von Ratten in die Stadt. Sie schwärmten zu Tausenden über die Stadtmauern. Sie huschten die dunklen Straßen entlang, krochen durch Keller und Abflüsse in die Häuser. Ihr Pfeifen und Quieken weckte schnell die Menschen der Stadt auf. Diese sprangen vor Entsetzen aus dem Bett und fanden dicke Ratten auf ihren Treppen und in den Zimmern.

Bald war die ganze Stadt wach. Lichter flammten in allen Fenstern auf. Die Leute brauchten nicht lange, um einzusehen, daß sie von Ratten geradezu überrannt waren. Sie versuchten vergeblich, sie aus den Häusern zu

vertreiben, jagten sie mit Stöcken und Stäben und allem, was sie in die Hand bekamen. Aber es nützte nichts.

Zu allem Unglück, fraßen die Ratten alles auf, was sie finden konnten. Sie fraßen das Essen von den Tischen. Sie rannten über die Küchenöfen und fraßen die Suppen und Eintöpfe geradewegs aus den blubbernden Töpfen. Es gab Ratten in Mehlsäcken, Ratten in Milchkannen. Jedes Stückchen Butter und Käse verschwand innerhalb kürzester Zeit. Sie stahlen sogar die Laibe Brot aus dem brennenden Ofen. Es dauerte nicht lange, bis jeder Bissen Eßbares aus der Stadt verschwunden war – von den Ratten gefressen. Die Geschäfte waren alle leer, sogar die Gasthäuser hatten nichts mehr anzubieten.

Plötzlich hatten alle zum ersten Mal in ihrem Leben Hunger. Sie machten sich Sorgen, vor Hunger sterben zu müssen. Etwas mußte geschehen! Die Menschen in Hameln waren verzweifelt. Überall standen sie in Gruppen herum, klagten und jammerten. Dann marschierten sie durch die Stadt und schlossen sich zu einer großen Masse vor dem Rathaus zusammen. Alle riefen nach dem Bürgermeister.

Die Menge klang so verärgert, daß die Knie des Bürgermeisters vor Furcht zitterten. Er war seit Tagen mit all seinen Ratsherrn in seinem Zimmer eingeschlossen. Doch nicht einem von ihnen fiel eine Lösung ein.

Plötzlich wurde die Menge still. Wie aus dem Nichts war ein Fremder zwischen ihnen erschienen, ging zum Rathaus und verschwand im Zimmer des Bürgermeisters.

Er hatte eine seltsame Gestalt – sein langer Mantel war halb gelb, halb rot und reichte von den Hacken bis zum Hals. Der Mann war lang und dünn, und hatte einen messerscharfen Blick.

Der Fremde sprach: »Wenn ich euch von den Ratten befreie, werdet ihr mir tausend Gulden dafür geben?«

Der Bürgermeister staunte nur. »Ich werde Euch nicht nur tausend, ich werde Euch fünfzigtausend Gulden geben?«

Um den Hals des Fremden hing eine Flöte. »Die Leute nennen mich den Rattenfänger«, sagte er, und ohne ein weiteres Wort trat er auf die Straße und begann zu spielen. Er hatte erst drei Töne geblasen, als schon die ersten Ratten auf der Straße erschienen. Sie strömten zu Tausenden aus den Häusern und folgten wie verzaubert der Musik. Der Rattenfänger führte die Tiere durch die Straßen, zum Stadttor hinaus, bis er an die Weser gelangte.

Dort hörte der Rattenfänger auf zu spielen, und wie auf ein Zeichen sprangen die Ratten in den Fluß und ertranken. Ein mächtiger Jubel erscholl aus vielen Kehlen von den Stadtmauern. Sie feierten den Rattenfänger, als er zurückeilte, um seinen Lohn vom Bürgermeister zu empfangen.

Als er das Rathaus erreichte, rief der Bürgermeister schon von der Treppe aus: »Verschwinde, Rattenfänger! Ich schulde dir für das Spielen einer einzigen Melodie gar nichts!« Dann lachte der Bürgermeister dem Rattenfänger ins Gesicht. »Die Ratten sind weg und können nicht wiederkommen. Geh und blas deine Flöte, bis du platzt!«

Erneut ging der Rattenfänger auf die Straße. Er setzte wiederum die Flöte an die Lippen und begann zu spielen. Die Melodie, die er spielte, war so süß, daß alle Menschen wie verzaubert stehenblieben.

Dann gab es ein Huschen und Eilen. Kleine Füße trappelten, Holzschuhe klackerten, kleine Hände klatschten und kleine Zungen redeten. Und die Kinder kamen angerannt. All die kleinen Kinder mit rosigen Wangen und hellen Locken kamen angetrippelt und getrappelt, folgten fröhlich mit Rufen und Gelächter der wundervollen Musik.

Der Bürgermeister, die Ratsherren und die Eltern standen, als seien sie zu Stein erstarrt – unfähig, sich zu bewegen oder zu rufen als ihre Kinder fröhlich vorbeizogen. Der Rattenfänger führte sie durch das Stadttor. Eins nach dem anderen tanzten sie über die Felder, die Wege entlang, bis sie weit auf dem Lande waren. Wie die Menschen der Stadt nach ihren Kindern schrien und weinten, doch diese schienen sie nicht zu hören.

Plötzlich marschierte der Rattenfänger in Richtung der Berge, und die Trauer der Eltern schlug um in Freude. »Er kann die Berge nicht überqueren«, seufzte der Bürgermeister erleichtert. »Er muß aufhören zu spielen, und dann kommen unsere Kinder zurück.«

Als die Kinder die Berge erreichten, öffnete sich auf einmal ein großes Tor. Der Rattenfänger ging hinein, und die Kinder folgten ihm. Als sie sicher innen angelangt waren, – schloß sich die Felsentür fest zu.

Alle waren verschwunden – außer einem kleinen, lahmen Jungen, der nicht so schnell laufen konnte. Er war nicht so flink wie die anderen und blieb zurück.

Der Bürgermeister von Hameln suchte in Nah und Fern nach dem Rattenfänger. Er bot alles Gold und Silber der Stadt an, wenn der Rattenfänger nur die Kinder zurückbringen würde. Doch der Rattenfänger und die Kinder blieben für immer verschwunden.

Die Legende sagt, sie gingen in ein besseres Land, wo die Menschen ihre Versprechen hielten – besonders gegenüber den Rattenfängern!